秒懂

文艺复兴艺术

[日]**宫下规久朗** 著

霍芬 译

列奥纳多·达·芬奇　　拉斐尔　　米开朗琪罗

河北出版传媒集团

河北美术出版社

很多人都听说过文艺复兴，但文艺复兴到底是什么，与文艺复兴相关的绘画艺术具体又是怎么回事，恐怕没几个人说得清楚。对于现代人来说，轻轻松松就可以去欧洲旅行，国内也经常举办西方绘画大展，但可惜的是，很多人并不具备关于西方艺术的基础知识。

很多时候大家只凭个人喜好去评判一幅画，但抱着这种心态是无法体会到美术的乐趣的。任何美术作品都深刻反映了其背后的思想文化，想要看懂它，就必须具备一些基本知识。的确，一件优秀的艺术品可以跨越文字与文化的阻隔打动人心，但我们毕竟对于西方文化了解甚少，如果不掌握一些相关的知识，很难去尽情领略和探寻西方美术的深奥之处。尤其是我们平时体会不深的宗教题材绘画，或者那些借用具体事物来表现抽象概念的寓意画和象征画，鉴赏起来就需要一些最基本的知识。不过道理虽如此，我们倒也不必刻意去埋头苦读。在这本书中，你可以一边欣赏优美的绘画，一边来轻松愉快地进行学习。

文艺复兴美术在中世纪宗教美术的传统中融入了古代自然主义风格，开始着眼于人与现实生活。虽然和中世纪一样，有很多圣母、圣徒等宗教题材的绘画作品，但也诞生了很多以古代神话为主题的作品，如维纳斯等，还有描绘人们生活场景的风俗画和风景画。文艺复兴美术的兴起是近代绘画的起点，也是此后美术的典范，并一直延续至今。从中世纪开始，美术的核心从雕刻转为绘画。文艺复兴时期虽然也出现了杰出的雕刻家，但文艺复兴美术的精华还是集中体现在了绘画方面。

本书通过文艺复兴绘画的多个层面，介绍了西方美术最基本的鉴赏方法。本书没有按照时代和地域来划分，而是根据绘画的主题，尽量通俗易懂地讲解每一幅画所表达出的个性及其背后的意义。不论你从何处开始翻阅，只要能让你领略到一点点西方绘画的深厚魅力，便是笔者之幸。如有机会，也请你到意大利等地一游，在现实中一睹这些原作的真容。只有这样，才能把本书中的知识活学活用起来。

宫下规久朗

米开朗琪罗

目 录

拉斐尔

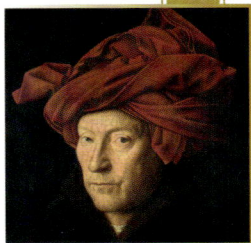

文艺复兴绘画导览员
瓦萨里先生
（肖像见 P116）

文艺复兴是什么

文艺复兴不存在吗？

　　说到文艺复兴，很多人都听说过，但并不知道文艺复兴到底发生了哪些事，为什么说它是历史上的一个大事件。在欧洲史上，文艺复兴是指14—16世纪发生在意大利的一段历史（美术史上14世纪前称为哥特时期，15—16世纪为文艺复兴时期）。文艺复兴是"近代的起点"，也被称为中世纪与近代的分界点。那为什么这个时期能成为近代的开端呢？

　　作为文艺复兴的舞台，意大利倒不怎么使用"Renaissance"（文艺复兴）这个词。在意大利语中虽然也有与其同义的"Rinascimento"（文艺复兴）一词，但也仅见于15—16世纪的一些史料记述中。从某种角度来看，文艺复兴这件事可以说并不存在。从学术上来说，不论是历史研究还是美术研究，更倾向于不使用这样一个简单的概念。

　　不过，日本人倒是非常喜欢文艺复兴这个词，自顾自地一直在用，甚至认为"意大利美术 = 文艺复兴美术"。在这里，我也希望大家尽早把"文艺复兴美术"的说法换成"15世纪美术""16世纪美术"，这样更准确一些。

乔托·迪·邦多内《犹大之吻》
（斯克罗威尼礼拜堂湿壁画）
1304—1306年 200厘米×185厘米
斯克罗威尼礼拜堂（帕多瓦）

　　这是14世纪哥特时期最伟大的画家乔托的代表作。作品对人物、情绪、空间的表现十分卓越，乔托也是文艺复兴美术的先驱。

文艺复兴

　　14—15世纪以佛罗伦萨为中心兴起的复兴古代思想、文学、美术的运动。在西方历史上被认为是近代的开端。在美术史上指15—16世纪的意大利美术。15世纪被称为文艺复兴初期，16世纪初是文艺复兴盛期，1530年以后被称为文艺复兴后期。三个时期的中心地点依次为佛罗伦萨、罗马和威尼斯。

古代的复兴与人文主义

● 古代的复兴在文艺复兴之前早已有之

首先，"文艺复兴"这个词，是19世纪中叶法国历史学家米什莱（Jules Michelet）首次使用的。后来瑞士历史学家布克哈特（Jacob Burckhardt）大力推广了这个词汇，认为它代表了"发现人与世界的时代"。所以说，文艺复兴一词并不是它的诞生地意大利发明的，而是19世纪的历史学家为了把欧洲历史理想化，为了确立欧洲历史的光荣和优势地位而人为造出的概念。

"Renaissance"在法语中的意思是"重生"，被翻译为文艺复兴。意思是人们摆脱了中世纪的黑暗时代，复兴了古代伟大的文明。当时一些意大利人确实将目光投向了古代罗马昔日的荣光，希望重新振兴古罗马文化，也意识到自己处于一个复兴古代文化的时代。

但是，中世纪绝不仅仅是一个黑暗的时代，也并不是一个与古代文明完全割裂的时代。无论是9世纪还是12世纪，都可以看到复兴古代文化的运动。如查理曼大帝推动了9世纪的卡洛林文艺复兴，此外拜占庭帝国（东罗马帝国）也将古代文化延续了千年之久。从整个欧洲范围来看，古代文明并没有被遗忘。尤其是在中近东和西班牙的伊斯兰文化圈，以亚里士多德的哲学和欧几

西蒙·马尔蒂尼《天使报喜》
1333年 祭坛画 500厘米×507厘米
乌菲齐美术馆（佛罗伦萨）

马尔蒂尼是哥特时期锡耶纳画派的代表人物。他的作品兼具装饰性与神圣感，为文艺复兴做好了准备。

菲利波·布鲁内莱斯基
巴齐礼拜堂
约1429年（设计）圣十字教堂（佛罗伦萨）

圣十字教堂是远近法的开创者布鲁内莱斯基（P6）设计的。教堂仿照古希腊、古罗马的建筑风格，充分体现了和谐之美。

里得几何学为代表的古代文化着实得到了继承和研究。

● 从以神为本到以人为本的时代

即便如此，我们也不能完全否定文艺复兴的重要性。之所以说文艺复兴是近代的萌芽，是因为它确立了以人为本的人本主义。从那时起，追求人性的自由与解放、尊重个性的思潮开始萌动。中世纪是一个尊崇上帝的时代，但从文艺复兴开始，人们开始以人的视角去审视万物，人逐渐成为世界的中心。

这一时期的文学开始歌颂人的爱恋与悲伤之情；哲学则融合了柏拉图的思想和基督教教义，将"神"与人相连接；美术方面，人们开始重视正确表现人体姿态以及现实空间。以上这些新思潮，全部兴起于意大利的佛罗伦萨。

14 世纪以来，佛罗伦萨这座城市依靠纺织业和金融业积聚了大量的财富。在商人出身的美第奇家族的统治与庇护之下，文学和艺术在这里得到了长足的发展，文学家、艺术家人才辈出。当商业城市强烈的现实主义思想与优秀的古代艺术和思想相遇，便产生了理性的、重视人的情感的"人文主义（Humanism）"。

诞生于佛罗伦萨的文艺复兴思潮，逐渐传播到米兰、那不勒斯、曼托瓦、费拉拉、乌尔比诺等意大利各个城市，16 世纪时传播到了罗马，之后便很快终结了。在此期间，除了意大利各地，这股思潮也波及了荷兰、英国、法国、西班牙等欧洲许多国家和地区。

关键词

哥特美术

哥特美术是继 11—12 世纪在西欧占据统治地位的罗马美术之后，于 13—14 世纪出现的西方中世纪美术形式。其特色是巨大的教堂与其附属的雕刻、支架玻璃等。绘画方面出现了以乔托为代表的写实风格倾向，为文艺复兴做好了准备。在法国和德国等地，哥特美术一直存续到 16 世纪。

多纳泰罗《大卫像》
1440—1446 年
巴杰罗美术馆（佛罗伦萨）

多纳泰罗是文艺复兴初期最具代表性的雕刻家。他确立了写实的、匀整的人体表现风格。

远近法与科学的视点

● 远近法拓展了绘画表现的可能性

绘画中的远近法，是人本主义最基本的体现。远近法也叫透视法，指在二维平面上将近处的事物放大，远处的事物缩小，从一个视点出发去表现整个画面。就拿建筑物来说，与从建筑上方的垂直视角描绘的平面图、俯瞰图不同，所谓远近法，是从人仰视建筑物这样一个固定视角出发，去再现他所看到的建筑样貌。15 世纪初期，人们开始将精确的数学计算应用于远近法。而在此之前，画家们都只是凭借想象和经验去运用远近法。

据传，建筑家布鲁内莱斯基曾经在一张木板上运用远近法准确地画出了佛罗伦萨八角形洗礼堂的草图（此图并未留存于世）。他的画家好友马萨乔和雕刻家多纳泰罗继承了这一方法，为美术界带来了革新。马萨乔绘制的教堂壁画《圣三位一体》，画面上的空间仿佛是在墙壁上凿出的空洞一般，画中的人物也是从同一个视点出发来正确排布的。远近法与表现光线的明暗法一起，大大拓展了绘画表现的可能性，让画家们得以在二维平面上生动逼真地展现复杂的故事情节。这使得绘画这一艺术形式直到现在都是西方艺术的核心。

🔑 关键词

人文主义

人文主义是以古代的思想和文学为基础，以人为中心的文艺复兴基本理念。在后来的艺术理论中起到很重要的作用。

明暗法 / 阴影法 (Chiaroscuro)

在平面上用光线来表现明暗效果的绘画技法。有光的地方明亮，阴影的地方暗，而中间部分则用灰度来表现。

马萨乔《圣三位一体》
约 1426—1428 年
新圣母玛利亚教堂（佛罗伦萨）

马萨乔利用远近法在平面上画出纵深感，为绘画带来了革新的划时代之作。

菲利波·布鲁内莱斯基
1420—1434 年
圣母百花大教堂（佛罗伦萨）穹顶

基于古代建筑完美比例的穹顶。具有一种单纯而安定的美感。

● 是画家，也是数学家

远近法的诞生表明，人们看待事物的出发点从"神"的视角转移到了人的视角。人们用自己的眼睛去观察外界，动脑思考——这是科学的基础。从消失点引出线条——这种基于远近法的作图方法，既是一种正确的数学计算和测量，也是人们对事物的客观观察与正确表现。在文艺复兴时期，人们对数学与几何学非常重视，并大力发展了这一学科。在人们认识世界的方法中，数学计算是很重要的一种，受到人们的尊重。

远近法的开创者布鲁内莱斯基因为主持建造了圣母百花大教堂巨大的穹顶而广为人知。这是一个用古代建筑的完美比例打造出的建筑空间。与那些高耸入云的哥特建筑不同，圣母百花大教堂通过精密计算达到了建筑与数学的完美结合，可以说是一座歌颂人类理性的纪念碑。文艺复兴时期的建筑，追求的是正方形、圆形这种简单完美的形态，体现出秩序与稳定的感觉。这种类型的建筑被称为古典主义建筑，莱昂·巴蒂斯塔·阿尔伯蒂[1]首先提出了这一理论。到 16 世纪，活跃于意大利北部的建筑师安德烈亚·帕拉第奥（1508—1580）完善了这一理论。

正如列奥纳多·达·芬奇（P94）和皮耶罗·德拉·弗朗切斯卡等人一样，当时的很多画家同时也是数学家。皮耶罗在他为数不多的珍贵画作中，用完美的远近法与透明的色彩表现出了数学般严谨清晰的空间感，展示了文艺复兴时期的知性与艺术风格。

与自然的融合

当人们开始用全新的眼光来审视外界的时候，对自然的看法也就发生了变化。在中世纪，自然被当作人的对立面，是需要被人类征服的对象。与此相对，到了文艺复兴时期，自然成为人类想要与之融合的对象。

---

[1] 阿尔伯蒂（Leon Battista Alberti，1402—1472），意大利文艺复兴时期的建筑师和建筑理论家。

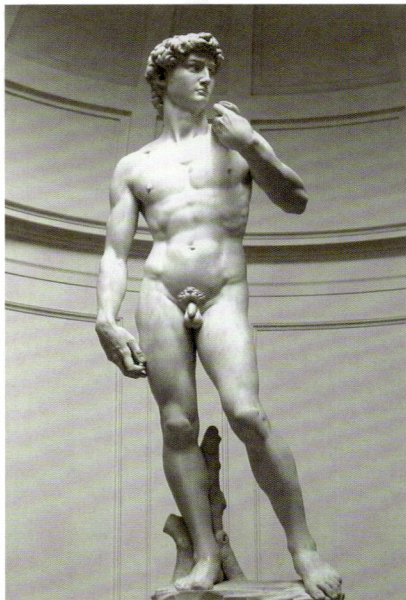

米开朗琪罗·博纳罗蒂《大卫像》
1501—1504 年 学院美术馆（佛罗伦萨）
文艺复兴时期极具代表性的雕塑作品，堪称雕刻艺术的巅峰之作。

安德烈亚·曼特尼亚《婚礼堂》
1465—1474 年
总督宫婚礼堂（曼托瓦）天井画
画中天顶上的女人和天使似乎正在向下俯视室内，是著名的错觉装饰画。

早在 13 世纪，亚西西的圣方济各就将自然万物称为兄弟，诗人佩托拉卢卡进行了史上第一次纯粹的登山活动，建筑家阿尔伯蒂也很喜欢登山。

虽然文艺复兴诞生在城市，但意大利的城市是被农村地区所环绕的，农村地区收获的物产也在支撑着城市的运转。文艺复兴可以说是城市与农村、都会与田园相调和而产生的文化。人们流连田园、热爱自然，所以也格外能欣赏自然之美。

文艺复兴时期的绘画中常有对风景的丰富描绘，比如名画《蒙娜丽莎》（P79）的背景。风景描绘不单出现在被优美的田园风光环绕的佛罗伦萨和托斯卡纳，乔凡尼·贝利尼画中的水城威尼斯也同样如此。

文艺复兴最伟大之处就在于它孕育出了一种将人作为主体，将世界作为客体的精神。不论是文学、艺术还是科学，在这一点上都是共通的。列奥纳多·达·芬奇观察自然界中的万物，再加以思索并通过素描表现出来，这正是文艺复兴精神的体现。

以西方为中心的时代拉开帷幕

在这一时期，火药、指南针和活字印刷的应用，改变了文化的存在方式。这些东西是中国发明的，在欧洲也得以实际应用。战争中火炮和火枪的登场导致了骑士阶层的没落，封建社会崩塌。指南针让大航海成为可能，新大陆的发现大大拓展了西方世界的疆土。印刷术普及了新的思想和观念，使得教会的权威一落千丈。

可以说，大航海时代和宗教改革带来的这些政治、经济、社会层面的变革，都是文艺复兴人本主义思潮的产物。

从这个意义上来看，文艺复兴与其说是近代的起点，不如说是西方时代的开端，也是当时欧洲成为世界主导者的重要契机。

文艺复兴美术的发展

● 文艺复兴文化的精华

美术，可以说是这种文艺复兴文化最有力的表达。在文艺复兴时期，古典文化重获新生，人文主义得以复苏，也给造型艺术带来了新的气息。人们重新认识到，古代雕像所展示出的人体美才是一种理想的美，于是宗教画中的基督和圣人被表现得更像一个自然的人而不是神明。不但如此，一些非宗教主题和裸体艺术也重新回到了大众的视野。虽然当时能看到的古代艺术品主要是雕刻，但文艺复兴时期的绘画、雕刻、建筑等各个领域都引入了古典元素。

理论家阿尔伯蒂非常重视用许多人物来表现故事的历史画（Istoria）。直到20世纪，历史画都是西方绘画中最高级的类型。同时，描绘现实人物的肖像画也流行起来，风俗画、风景画、静物画这些世俗的题材也开始萌芽。不过，直到17世纪的巴洛克时代，所有绘画的类型才全部形成。

皮耶罗·迪·科西莫
《西蒙涅塔·维普茨的肖像》
1485年 孔代美术馆（尚蒂依）

当时出现了很多能体现出人物个性的肖像画。多见于美人画一类的作品中。

● 从意大利到欧洲各地

当时的意大利半岛分裂为很多城邦，各个城邦的君主都竞相为艺术家们提供庇护，于是各地都诞生了很多蔚为壮观的美术作品。此外还有像从佛罗伦萨到米兰宫廷供职的列奥纳多·达·芬奇，同样从佛罗

帕米贾尼诺《长颈圣母》
1535 年前后 乌菲齐美术馆（佛罗伦萨）

　　体现了文艺复兴盛期简练优美的风格，是风格主义的代表作。

伦萨到罗马为教皇工作的米开朗琪罗，还有出生于威尼斯并为神圣罗马皇帝服务的提香（P92）……这些艺术家的频繁移动，促进了各个地方艺术形式的相互影响、相互融合。因此，绘画艺术在意大利得到了在其他地方无可比拟的发展，诞生了诸多可称为后世典范的杰作。

　　到 15 世纪，以佛兰德斯（包括现在的法国和比利时）和勃艮第公国为中心，兴起了北方文艺复兴。在这里，随着油彩画的发明，人们开始追求写实的画风，美术界巨匠辈出。比如画作完成度极高的天才扬·凡·艾克（P32），和擅长表现精彩故事的罗吉尔·凡·德·威登。他们的作品也常常影响到意大利的画家，佛兰德斯从而与意大利一并成为绘画艺术的中心。

　　16 世纪，有很多北方画家前往意大利学习文艺复兴盛期的绘画风格，并把它们普及到了欧洲各地。德国的丢勒、佛兰德斯的勃鲁盖尔等人，把意大利的文艺复兴风格消化吸收后又自成一派。但更多的画家则是通过模仿，将这种艺术风格传播普及开来。

　　如此一来，到 16 世纪中叶，诞生于 15 世纪初的文艺复兴艺术传播到了西欧各地，为巴洛克艺术的兴起做好了准备。

北方文艺复兴

　　指 15—16 世纪在阿尔卑斯山以北，特别是佛兰德斯（尼德兰）、德国、中东欧兴起的美术运动。15 世纪的佛兰德斯各地，油彩绘画技法发展很快，使得在画面上精细描绘事物成为可能。其中，画家扬·凡·艾克和罗吉尔·凡·德·威登的画作达到了极高的水准。到了 16 世纪，意大利美术的影响波及了整个北方地区，从意大利学成归来的佛兰德斯画家被称作浪漫主义者（Romanist）。在法国，弗朗索瓦一世招募来的意大利风格主义画家也影响到了当地的画家，于是诞生了枫丹白露画派。

第 **1** 章

宗教画

文艺复兴美术的支柱

文艺复兴时期，人文主义思想渐渐复苏，人们的目光开始转向自然与人本身，但美术方面还是以宗教相关的主题为主。中世纪美术的主要舞台是教堂和修道院，而支撑文艺复兴美术的主力仍是教会和人们虔诚的信仰。

以基督教为主题的美术作品发源于描绘耶稣面容的圣像（P39）。最早的圣像是将耶稣的面部直接印在布上形成的，并不是出自谁的画笔，而是人们敬拜的对象。

此外，人们也会利用"善良的牧羊人"这种古罗马风格的元素来表现耶稣。

后来，圣母像和圣徒像等圣像也诞生了，基本上都是表情严肃的正面像。以教会和修道院为舞台诞生了许

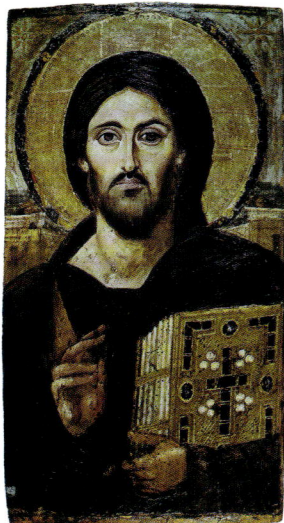

《基督圣像》
（基督普世君王图标）
约 6 世纪 圣凯瑟琳修道院
（西奈山）

《善良的牧羊人》
约 5 世纪 加拉·普拉西迪亚教堂（拉文纳）

许多美术作品是以教会和修道院为背景诞生的，宗教这一主题也促进了绘画技法的发展。

多美术作品，宗教主题也促进了绘画技法的发展。渐渐地，人们开始给圣像加入故事元素。描绘耶稣生平和对话的绘画作品，在中世纪被称为"通俗的《圣经》"。它们被画在教堂的墙壁上，起到让民众理解《圣经》内容的作用。

促进绘画技法的发展

耶稣的故事中，有两个场景尤为重要。一个是耶稣诞生；另一个是耶稣受难，被钉死在十字架上。十字架作为基督教的象征广为流传，耶稣磔（zhé）刑像也是教堂里不可或缺的元素。

《圣经·旧约》是《圣经·新约》的预告和准备。解释《圣经·旧约》与《圣经·新约》的对应关系（预表论,Typology），成为一个重要的绘画主题。

基督教信众将《圣经》中的圣徒作为自身的模范来尊崇，或是把他们当作不同地域、职业或个人的守护者来敬拜，给他们赋予了神的形象，并据此创作了大量艺术作品。

"最后的审判"这一绘画主题旨在表现当时基督教所宣扬的人在死后会受到上帝的审判，所以在公元1000年前后或是世纪末（如1500年等年份），以及瘟疫盛行的年代，会随着人们末日思想的蔓延而流行一时。

这些多样化的主题，为远近法、明暗法、人体表现、风景描绘等绘画技法的提高提供了契机，促进了文艺复兴美术的发展。

■左
柯西莫·图拉
《圣母怜子》
1460年 科雷尔博物馆（威尼斯）

■右
彼得罗·卡瓦利尼
《**最后的审判**》
部分
约1293年 圣塞西利亚教堂（罗马）

最后的晚餐

基督教美术中最重要的主题无疑是"最后的晚餐"。文艺复兴时期的艺术家们，使用了何种技法，又是如何展现这一幕交织着复杂情感的人间大戏的呢？

耶稣和他的十二门徒

《圣经》中记载，耶稣被捕的前一天，在耶路撒冷和他的十二个门徒共进晚餐，庆祝逾越节。

席间耶稣忽然说了一句令人震惊的话，他说："我清楚地告诉你们，你们当中的一个人将会出卖我。"随后他便唱起赞美诗，并掰开饼分给门徒，说道："拿着吧，这是我的肉。"接着，他拿起酒杯，一边祝谢一边递给门徒，并说道："喝吧，这是我为很多人流出的血，契约之血。"这便是这一绘画主题的故事背景。

人间大戏的精彩展现

"最后的晚餐"可以说是基督教美术中最重要的一个主题，自古以来很多画家都描绘过这一幕极富戏剧性的人物群像。

列奥纳多·达·芬奇的作品，细致入微地捕捉到了十二门徒听到耶稣的话之后，一个个惊诧万分的表情。

在这幅作品中，达·芬奇通过种种身体姿态、面部表情，精彩地展现了他们惊愕、动摇、怀疑、愤怒等情绪，可以看出画家对人的敏锐观察。

惊慌失措的十二门徒

唯一完成的壁画作品，杰作中的杰作

列奥纳多·达·芬奇
《最后的晚餐》

1498 年 油彩 / 蛋彩
460 厘米 ×880 厘米
圣玛利亚感恩修道院（米兰）

这幅位于米兰一座修道院食堂墙壁上的壁画，是达·芬奇完成的唯一一幅壁画作品，它是文艺复兴时期一座重要的纪念碑。

位于中央的耶稣背后是明亮的风景，将耶稣的头部衬托得格外清晰。不仅是耶稣，同席的十三个人物都处在均等的明亮光线下，每个人物的表情和动作都十分清晰，在听到耶稣告知门徒中有人背叛他的时候，众人惊愕、慌乱、怀疑、愤怒、剖白的情绪一目了然。

耶稣身体姿态的意义

耶稣在桌面上双手摊开的姿态，不仅仅是在说"有人背叛了我"。他左手的前方能看到圆形的面包，右手前方则是装有葡萄酒的玻璃杯。

慌乱的门徒

画面中的十二门徒每三人分为一组，有的在讨论背叛者是谁，有的在向耶稣询问着什么。只有背叛者犹大并没有加入这种慌乱的氛围，一脸倨傲地将右手肘支在桌子上。犹大的身后，圣彼得正在对圣约翰窃窃私语。

一点透视法构图

以耶稣为中心，左右各六人的对称式人物配置，以及两侧天花板边缘延长线的交叉点正好位于耶稣的头部，可以看出耶稣所在的位置即是画面中透视法的消失点。这种一点透视法构成的画面非常简洁明快，是古典主义风格的典范。

盘子里

餐桌上精细地描绘了盛着鱼和柑橘的盘子、瓶子，以及面包等。达·芬奇同时也是一位科学家，这些画面中的物品连同他留下的众多草图手稿，在米兰美术界确立了正确观察自然事物的基本视角。

小知识

装饰了"最后的晚餐"的食材

在"最后的晚餐"中，葡萄酒和面包是最重要的食物，其他的物品和菜都是配角。观察这一主题自古以来的画作，餐桌上的菜肴主要可以分为羔羊肉和鸡肉一派，以及鱼肉一派。逾越节的传统是吃羔羊肉，但基督教教义中鱼是耶稣的象征，也是节约食物的象征，所以有时鱼也会出现在画面上。

在这幅达·芬奇的作品中，最初人们无法判断盘中到底是什么，经过近年来的修复，可以清晰地看到画面中出现的是鱼。

连达·芬奇也受到影响的构图

多梅尼哥·基尔兰达约
《最后的晚餐》
1480 年 壁画
圣·马可美术馆（佛罗伦萨）

　　这幅《最后的晚餐》连达·芬奇都受到了它的影响。不过，门徒中只有犹大一人坐在餐桌的这一侧，十分醒目。

构图的变化

　　从基督教早期到中世纪所描绘的"最后的晚餐"主题，画面中众人如古罗马宴会一般围成一圈躺着用餐。到了文艺复兴时期，变成了坐在餐桌前用餐。餐桌的形状以基尔兰达约和塔斯卡尼奥画中的那种长方形的餐桌居多。

画面中画家的自画像

迪里克·鲍茨
《最后的晚餐》
1464—1467 年 木板油彩
185 厘米 ×155 厘米
（中央板）
圣彼得教堂（卢万市）

　　这幅画真实地展现了当时佛兰德斯地区室内场景的风格和细节。画面最右端站着的人便是画家本人。

天使报喜

文艺复兴预告了新时代的到来，而"天使报喜"这一主题正契合了这种仿佛春天到来的气氛。于是众多画家纷纷创作了这一主题的绘画。从构图到马利亚的表情、姿态，众多佳作百花齐放各不相同。

🍏 报春绘画主题

"天使报喜"是中世纪以来被反复搬上画布的主题。传说天使加百利来到处女马利亚面前对她说："祝贺你，被神荫庇的人。"并告诉她，她因圣灵感孕，怀了神的孩子。马利亚最初受到了惊吓，接着她在慌乱中将双手交叠在胸前，听天由命地接受了命运的安排。画面中双手交叠放在胸前，就表示了她"接受"的态度。

《圣经》中记载，天使报喜发生在耶稣诞生之日的 9 个月之前，也就是 3 月 25 日。这正是寒冬结束、春风拂面的早春时节。

🍏 天使报喜的场景

弗拉·安杰利科（贝亚托·安杰利科，P34）的作品是这一主题的代表作。他将天使报喜的场景设计在一个类似修道院中庭的地方，画面左侧的庭院中，早春的野花正在盛放。

"天使报喜"是耶稣从诞生到受难这一连串故事的开端，也是基督教最广为流传的故事。正如寒冬结束、春天到来一般，"天使报喜"是一个令人欣喜的主题。安杰利科的这幅作品体现出一种清新明快的氛围，不单是为了契合"天使报喜"这个主题，也是暗示了 15 世纪初的佛罗伦萨——充斥着瘟疫与饥馑的黑暗年代终于过去，人们渴望开启一个全新的时代，随着文艺复兴萌芽，近代的大幕即将开启。所以，这一主题的画作被称作"报春绘画"，也算是十分贴切。

宛如春天到来般喜悦的绘画

这幅作品是圣·马可修道院的壁画，圣·马可修道院现作为圣·马可美术馆而广为人知。此画是修道院中的修士画家——弗拉·安杰利科的杰作。画中庭院后方可以看到有木板墙，而"关闭的庭院（Hortus Conclus）"正是马利亚处女之身的象征。

听天由命的马利亚

弗拉·安杰利科《天使报喜》
约 1437—1446 年 壁画
230 厘米 ×321 厘米
圣·马可美术馆（佛罗伦萨）

"天使报喜"的主题意义

弗拉·安杰利科《天使报喜》
约 1434 年 木板蛋彩
183 厘米 ×155 厘米（中央板）
科尔托纳教区博物馆（科尔托纳）

背景中描绘了亚当和夏娃的形象，对比画面中天使报喜的情景，"天使报喜"主题的意义便浮现出来。

罗伯特·康宾

《天使报喜》（梅罗德祭坛画）

约 1425—1428 年 木板油彩

64 厘米 ×63 厘米

大都会艺术博物馆（纽约）

在"天使报喜"这一主题的画面上，常常以白鸽飞落来表示圣灵降下，但在这幅作品中，婴儿基督抱着十字架从圆形窗户中飞了进来。画面上花瓶里的百合花、水壶和手巾等物品，象征着圣母的纯洁。

佛兰德斯画家的天使报喜画，大多以当时的室内情景为故事场景，正是康宾的作品开创了这种画法的先河。画家安托内洛的作品则以描绘圣母的形象见长。此外，画面中的圣母大都被设定为正在读《圣经》的姿态，但也有一些非常独特的作品，如画家洛伦佐·洛托的作品中，圣母惊恐万状，做出向外奔逃的姿态。到了 16 世纪后半叶，"天使报喜"演变成了天使飘浮在空中这种比较戏剧化的表现形式，其中最典型的当属格列柯的作品。

婴儿基督飞进窗户

"天使报喜"的场景从教堂转化为民宅室内，在当时来说是全新的表现手法。

将观者置于天使的视角面对圣母

安托内洛·德·梅西纳《得知喜报的圣母马利亚》

约 1473—1474 年 木板油彩 45 厘米 ×34.5 厘米

西西里大区美术馆（西西里岛巴勒莫）

画面展现了因天使的到来而从《圣经》上抬起右手的圣母正面像。这一视角起到了一种将观者放在天使位置上的效果。据传，列奥纳多·达·芬奇曾画过一幅与此画中圣母相对的报喜天使像（但并未留存于世）。

在日本能见到的珍贵作品

埃尔·格列柯《天使报喜》
约 1599—1603 年 画布油彩
108.5 厘米 ×79.5 厘米
大原美术馆（仓敷）

　　天使与圣灵伴随着灿烂的光芒从天而降，圣母头戴十二星冠，用明亮的双眸仰望着天使。这是现藏于日本大原美术馆的名作，是在日本能够见到的为数不多的天使报喜画之一，多年来广受人们的喜爱。

圣母的种种表情

一幅特别的作品，描绘了惊慌失措的圣母

洛伦佐·洛托
《天使报喜》
约 1572 年 木板油彩
166 厘米 ×114 厘米
雷卡纳蒂市立美术馆（马切拉塔省）

　　洛托出生于威尼斯，他也是在威尼斯创作了这幅独特的作品。画面中圣母被突然降临的天使吓坏了，想要赶快逃走。同样从天使身边逃离的小猫则是恶魔的使者。

　　『天使报喜』这一绘画主题，有着花样繁多的构图和象征符号，圣母的表情和姿态也各不相同。解读这种种的绘画，也是蛮开心的呢。

基督的故事

基督的生平故事在所有基督教艺术中都处于核心地位。在这里，主要介绍描绘"东方三圣贤的朝拜""基督受洗"和"纳税银"这三个场景的画作。

🍀 通过绘画讲述基督的故事

耶稣的传说记载于四部《福音书》中。

传说马利亚于伯利恒生下耶稣之后，首先来拜访的是一群牧羊人。接着，从东方来了三位圣贤，带着礼物前来祝福耶稣的降生。后来，长大的耶稣在约旦河接受了施洗者圣约翰的洗礼。从耶稣在迦拿的婚礼上将水变成美酒开始，他治愈病人，劝人不要积聚钱财，还四处布道。他的种种做法惹恼了当时的统治者。

从充满欢笑与祝福的诞生之日，到他受难而死，再到复活，他的故事是基督教叙事艺术的中心。

华丽且具有细密写实感的作品

詹蒂莱·达·法布里亚诺
《麦琪的礼拜》

1423 年 木板蛋彩 173 厘米 ×220 厘米
乌菲齐美术馆（佛罗伦萨）

詹蒂莱是 15 世纪初意大利的画坛巨匠，在罗马和威尼斯都曾创作过大型壁画，但这些作品几乎都毁于大火。在这张木板蛋彩画中，我们能看出强烈装饰性的、非常细致的国际哥特式风格的典型特征。画面描绘了身着华丽衣饰的三位贤者和随从列队来到圣家族面前的情景，呈现出一幅璀璨的宫廷画卷。

绘画中讲述的基督故事

韦罗基奥的这幅《基督受洗》，展现的是耶稣在约旦河边接受施洗者圣约翰为他洗礼的情景，天空中从上帝手中降下象征圣灵的白鸽。

《纳税银》是文艺复兴时期英年早逝的天才画家马萨乔的巅峰之作。马萨乔可以说是打开了文艺复兴绘画大门的人。画面上三维空间层次分明，人物轮廓清晰有力，与当时风靡一时的国际哥特式风格形成了鲜明的对照。

列奥纳多·达·芬奇共同参与的作品

安德烈·德尔·韦罗基奥
《基督受洗》

约 1470—1474 年　木板蛋彩、油彩
177 厘米 ×151 厘米
乌菲齐美术馆（佛罗伦萨）

这是达·芬奇在韦罗基奥的画室当学徒时共同参与的作品。最左侧的天使和背景中的风景皆出自年轻的达·芬奇之手。

英年早逝的天才马萨乔的巅峰之作

马萨乔《纳税银》

1424—1427 年　壁画　255 厘米 ×598 厘米
卡尔米内圣母大殿（佛罗伦萨）

画面展现了耶稣一行被税吏要求缴纳税金，耶稣命彼得去河边从一条鱼的口中取出银币的情景。彼得的形象分别在画面的左、中、右三个地方出现了三次，这种表现手法叫作"异时同图法"。

关键词　国际哥特式（国际哥特主义） 源于锡耶纳画派，1400 年左右风靡整个西欧的优雅宫廷风格。詹蒂莱·达·法布里亚诺和皮萨内洛是其代表人物。

13

基督受难与圣母怜子

基督受难是表现男性裸体的一大绘画主题。不过从另一方面来说，也能够欣赏到那些因基督之死而悲叹的丰富多彩的人物群像。

🌱 基督故事的高潮

传说"最后的晚餐"之后，耶稣被逮捕，遭到审问和鞭笞，并被处以磔刑。这一连串的遭遇被称为"基督受难"，展示了基督故事中的最高潮。

中世纪以来，基督磔刑像是表现男性裸体最主要的主题。由此可以看出各个时代不同的理想裸体形象和人体观念。

意大利哥特时期的画家奇马布埃，受到拜占庭美术元素的影响，将耶稣的身体描绘成扭曲的 S 形。文艺复兴之后，基督磔刑像便光明正大地成为裸体像的范本。

🌱 从"基督降架"到"圣母怜子"

但是，文艺复兴式的理想人体并没能普及到德国，画家格吕内瓦尔德笔下的磔刑像，同样展现出了哥特式的扭曲人体。十字架上的耶稣身体因痛苦而扭曲着，凸显出受难的意味，这幅作品被称赞为基督教美术史上的登峰造极之作。

"基督降架"这一主题也很普遍，不过这一主题展现的重点是戏剧般的人物群像。在这一场景中，人们围在耶稣的遗体旁悲声哀叹，与"圣母怜子"这一主题紧密相连。

不过，也有一些作品单独刻画了死去的耶稣。曼特尼亚就曾创作过一幅非常独特的作品，采用了压缩透视的画法展现耶稣的遗体。而霍尔拜因则描绘了盛放耶稣遗体的棺材横截面，可谓是一幅现实主义的杰作。

被遗忘的德国文艺复兴绘画大师

马蒂亚斯·格吕内瓦尔德《基督受难》（伊森海姆祭坛画第一个场景）
约 1512—1515 年 木板油彩 269 厘米 ×307 厘米（中央板）恩特林登博物馆（科尔马）

逼真地展现出充满痛苦的画面

耶稣因痛苦而扭曲的沉重躯体压弯了背后的十字架横木。在他周围的是扶着圣母马利亚的《福音书》记录人约翰、双手合十的马利亚，以及手指着十字架的施洗者圣约翰。施洗者圣约翰右手上方的字迹是："他将荣耀，我将灭亡。"在他脚下，一只牺牲的羔羊从胸前流出鲜血滴入圣杯。

格吕内瓦尔德被世人遗忘多年，直到 19 世纪末才重新进入大众的视野，如今他与丢勒齐名，被认为是德国文艺复兴时期最伟大的画家。

画家是如何**表现**的

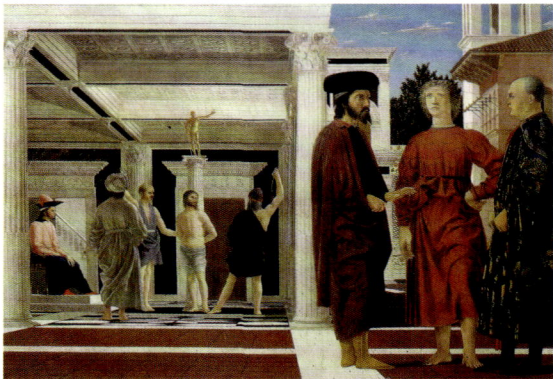

将被鞭笞的基督作为后景的神秘杰作

皮耶罗·德拉·弗朗切斯卡《鞭笞基督》

约 1453—1454 年 木板蛋彩
59 厘米 ×82 厘米
马尔凯国家美术馆（乌尔比诺）

　　画面左侧的纵深空间中，三个刑吏正在鞭打基督。但画面右侧靠前的三个人却身份成谜。虽然它是西方美术史上最为神秘的一幅作品，但画面中建筑结构立体清晰，空气清澄，整个画面光线明亮自然，可以说是皮耶罗最杰出的一幅作品。

悲痛欲绝的圣母与基督呈现出相似的姿态

罗吉尔·凡·德·威登《下十字架》

约 1435—1438 年 木板油彩
220 厘米 ×262 厘米
普拉多美术馆（马德里）

　　画家以从十字架上被解下的基督遗体为中心，将众多搀扶基督与悲叹基督的人全部集中在一个狭小的空间里。身穿蓝裙的圣母因伤心过度，体力不支倒地，她的身体与基督的遗体呈平行线，两人的姿态给人一种丰碑一般的力量感。画面中人物的服装和表情等细节描绘也非常出色。

16

表现基督受难这一幕，画家们，是运用了纯粹的现实主义，还是追求非现实的形式之美？让我们来鉴赏的一下。

非现实的色彩是风格主义的典型

雅各布·达·蓬托尔莫

《下十字架》

约 1526—1528 年　木板油彩
313 厘米 ×192 厘米
圣菲力西塔大教堂卡波尼教堂
（佛罗伦萨）

　　画面中搬运耶稣遗体的年轻人、画面上方仿佛飘浮在空中的圣母等人物，与非现实的冷色调一同构成了典型的风格主义。这幅作品是风格主义画家蓬托尔莫的代表作。

风格主义

　　16 世纪后半叶，文艺复兴晚期出现在佛罗伦萨和罗马等地的艺术风格。这种风格将文艺复兴全盛时期拉斐尔和米开朗琪罗等人的典雅风格（Maniera）加以规范，将优美的画风和精致的绘画技巧融为一体。其特色是拉长的人体、扭曲的构图、非现实的色彩等等。虽然被认为缺乏创造力，但它反映了时代的危机感，也将宫廷风格的精致复杂之美表现到了极致。罗索、蓬托尔莫、布龙齐诺、帕米贾尼诺等画家是风格主义的代表。在其影响下，法国诞生了枫丹白露画派。

出现在陀思妥耶夫斯基文学作品中的名画

小汉斯·霍尔拜因《墓中基督》

约 1521—1522 年间　木板蛋彩
31 厘米 ×200 厘米
巴塞尔美术馆（巴塞尔）

　　这幅作品从横截面的角度逼真地描绘了躺在棺木中的基督遗体。这幅现实主义杰作因为出现在陀思妥耶夫斯基的《白痴》一书中而名声大噪。

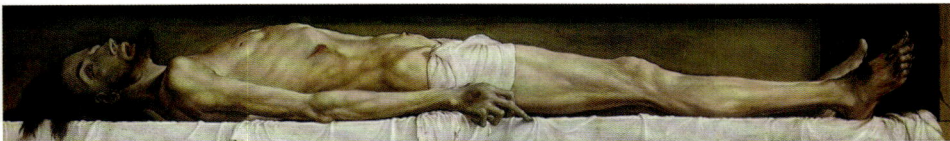

令人叹息的圣母怜子

压缩透视法名作

安德烈亚·曼特尼亚
《死去的基督》
约 1480 年　画布蛋彩
66 厘米 ×81 厘米
布雷拉美术馆（米兰）

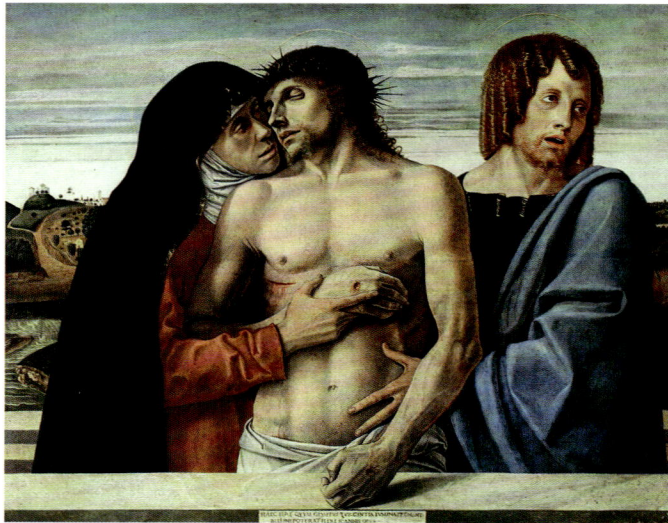

　　这是一幅大胆运用压缩透视法，从足部的视角描绘基督遗体的作品。画面左上方是悲泣的圣母和门徒约翰。放置遗体的粉色石床据说当时是真实存在的，叫作"涂膏礼之石"。

站在宁静风景中死去的基督

乔凡尼·贝利尼《圣母怜子》
1460 年　木板蛋彩　86 厘米 ×107 厘米　布雷拉美术馆（米兰）

　　死去的耶稣倚靠在圣母与门徒约翰的身上。他的站立姿态是基于一幅从墓中复活的基督圣像而来。这幅画位于一组多翼祭坛画的顶端，背景中徐徐展开的宁静风景是画家乔凡尼·贝利尼的典型风格。

关键词

压缩透视法

如果物体处在与人脸垂直的位置，其长度看起来会变短，利用这种视觉现象的绘画技巧就是压缩透视法，也属于远近法的一种。此外，在天顶画中，模拟从下向上仰望视角的画法，叫作仰视法。曼特尼亚是这种仰视法的先驱，这种画法多用于巴洛克时期的天顶画。

为自己的坟墓画的遗作

提香·韦切利奥《圣母怜子》

约 1570—1576 年 画布油彩
353 厘米 ×348 厘米
学院美术馆（威尼斯）

　　这是威尼斯画派最伟大的画家为装饰自己的坟墓而创作的遗作。通过粗糙的触感流露出悲剧性的感情，是提香晚年作品风格的特征。但这幅画并未画完提香就去世了，由他的弟子最终完成。画面中跪在基督遗体前面的老人——圣尼哥底母，被认为是提香的自画像。

用了米开朗琪罗底稿的大作

塞巴斯蒂亚诺·德·皮翁博《圣母怜子》

约 1516 年 木板油彩
270 厘米 ×225 厘米
维泰博市立美术馆（罗马）

　　这幅画是出生于威尼斯、活跃于罗马的画家塞巴斯蒂亚诺的作品。据说米开朗琪罗为他提供了这幅画的草稿。以强忍悲伤举头望月的圣母为中心，整幅画弥漫着悲剧的气氛。似乎在预示着 1527 年那场悲惨的"罗马之劫"。

关键词 罗马之劫　　1527 年 5 月，神圣罗马皇帝查理五世的军队攻入意大利，意大利教皇军溃败，查理五世的军队在罗马大肆杀戮、破坏、抢劫，酿成惨祸。

《圣经》中的题材

耶稣诞生之前的《圣经·旧约》中，也有取之不尽的故事和传说，它们是美术创作题材的宝库，强烈吸引着文艺复兴时期的艺术家们。

美术题材的宝库

《圣经·旧约》中记述了从上帝创造天地到基督降生以前的犹太人的历史，是一部体量庞大的文献合集，还包含了各种预言书和诗歌等。

此外，在《圣经》外典中，有一些人物故事也经常出现在美术作品中。如友第德（P46）、苏珊娜（P52）、托比特等。

众多的故事和传说，让《圣经·旧约》成为美术题材的宝库。米开朗琪罗的西斯庭教堂天顶画，就描绘了从上帝创造天地到诺亚大洪水这一段"创世记"的故事。

画面中为数众多的男性裸体是米开朗琪罗最为擅长的元素，也体现了米开朗琪罗以人体美为理想之美的观念。

堪称世纪大作的大天顶画

《创世记》的亮点

米开朗琪罗·博纳罗蒂《上帝创造亚当》

亚当伸手去触碰上帝的手指，预示着他即将拥有生命。虽然《创世记》中的说法是上帝向亚当的鼻孔吹了一口气，但画面中却通过强有力的上帝之手的触碰来赋予亚当最初的生命，表现力极强。

关键词

礼拜堂

西斯庭教堂最早是座礼拜堂。礼拜堂是供奉某位圣人的小型教堂或教堂中单独划分出的空间。常有捐资人买下它的使用权，用于举办家族葬礼或弥撒仪式，所以礼拜堂常以教徒的名字来命名，如布兰卡契礼拜堂、孔塔雷利礼拜堂等。

这是梵蒂冈宫中西斯庭教堂的大型天顶画。在长40米、宽14米的天井中，米开朗琪罗描绘了《圣经·旧约》中的九个故事以及故事中的人物像，是全世界最杰出的天顶画之一。其实米开朗琪罗最初拒绝了这项工作，理由是他认为自己是个雕刻家而不是画家。不过最后他还是接受了委托，连一个助手都没有请，从1508年到1512年的四年间，全凭一己之力完成了这项巨大的工程。

一人完成的宏大画卷

米开朗琪罗·博纳罗蒂
《西斯庭教堂天顶画（创世记）》
约1508—1512年 壁画 40米×14米
西斯庭教堂（梵蒂冈城）

对后世画家产生的巨大影响

米开朗琪罗·博纳罗蒂《大洪水》

画面的前景展示了为了躲避洪水逃到岸上避难的人们，大家扶老携幼、互相帮助。中景是漂浮在水上的诺亚方舟。大胆的构图与出色的人物群像，对后世的画家影响深远。

西斯庭教堂的大型天顶画中，填满了《圣经·旧约》中的各种裸体人像等。在天顶画一角的三角形帆拱（Pendentive）部分，《哈曼的惩罚》一幕中，从倾斜的角度去描绘扭曲的人体，从中可以看出风格主义的萌芽。

天顶画中随处可见的裸体人像

裸体青年像《诺亚醉酒》

后世艺术家的**灵感**之源

宏大的历史画卷与极致的人体雕琢，这幅堪称纪念碑的最高杰作，持续不断地给后世的众多艺术家带来灵感。

基督复活的原型

《约拿》

　　大鱼在约拿背后张开大嘴。约拿被视为三天后复活的耶稣的原型。

　　独特的人体表现，得益于米开朗琪罗在雕刻创作的过程中培养出来的对骨骼和肌肉敏锐的观察力。这幅大型天顶画可以说是人类历史上的最高艺术杰作之一，是超越时代的丰碑，给予了后世的艺术家无限的灵感。

强有力的肉体美

米开朗琪罗·博纳罗蒂
《哈曼的惩罚》

　　哈曼被架在木架上。这种强壮有力的人体，被认为是米开朗琪罗所有创作中最美的元素。

圣徒

作为守护者，圣徒们不但受到民众的爱戴，还经常出现在美术作品中。他们每个人都有自己独特的象征物，看看圣徒被描绘成了什么样子，也不失为一件乐事。

🌱 自古以来的美术主题

"圣徒"的称谓始于基督的十二门徒，他们是基督教信众的模范。

圣徒们作为教徒心中不同职业、不同地域的守护人，甚至是对抗不同疾病和灾害的守护者，自古以来都是艺术创作的主题，并深受人们喜爱。每个圣徒都有一个自己特有的象征物（手持物件），使人很容易分辨画中人物是哪位圣徒：拿着钥匙的是圣彼得，拿着剑的是圣保罗，拿着一支箭的是圣塞巴斯蒂安，而手持香油壶的则是抹大拉的马利亚……根据他们手中的象征物，人们就能分辨出每一位圣徒。

让人联想到蒙娜丽莎神秘的微笑

列奥纳多·达·芬奇
《施洗者圣约翰》
约 1513—1516 年 木板油彩
69 厘米 ×57 厘米
卢浮宫美术馆（巴黎）

施洗者圣约翰用手指指向天空，预言基督的到来。他脸上谜一般的微笑与《蒙娜丽莎》有相似之处。

庄严的人物表现

德国文艺复兴的里程碑之作

阿尔布雷特·丢勒
《四使徒》
1526 年 木板油彩
215 厘米 ×76 厘米
老绘画陈列馆（慕尼黑）

　　左侧画面中描绘的是圣约翰和圣彼得，右侧是圣保罗与圣马可。左边的圣约翰正在读《圣经》，在他身后，手持象征天国钥匙的圣彼得低头望向下方。右边的圣保罗一手捧书，一手拿着用来殉教的利剑，注视着圣约翰。在他身侧，圣马可手握一卷经书，仰望着圣保罗。

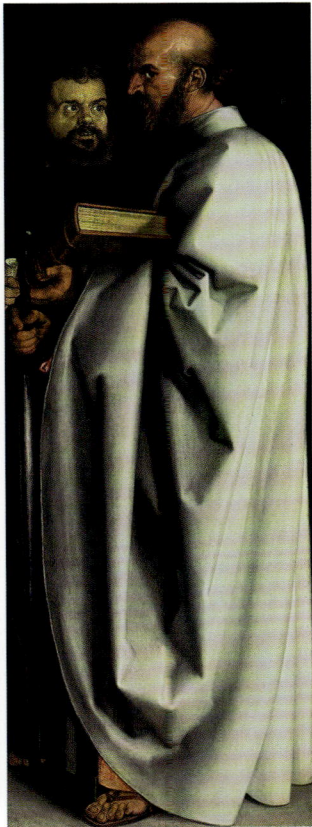

四使徒的象征物

A. 圣约翰　　　B. 圣保罗
毒杯　　　　　利剑

C. 圣彼得　　　D. 圣马可
钥匙　　　　　狮子

　　这是德国文艺复兴最伟大的画家丢勒赠送给故乡纽伦堡的作品。当时的德国正处在宗教改革带来的动荡之中。与马丁·路德思想颇有共鸣的丢勒，为了声援家乡父老，特意赠送了这幅画。通过庄严肃穆的人像描绘，可以看出丢勒将意大利文艺复兴中理想的、雕塑一般的人体绘画风格悉数收入了自家囊中。

关键词 **象征物 / 手持物（Attribute）** 识别宗教画中圣徒、诸神或是拟人像时，可以看他们随身的象征物。比如拿着钥匙的是圣彼得，维纳斯身边有丘比特，象征正义之神的拟人像一般会手持天平，等等。

以龙为象征物的武士守护者

保罗·乌切洛《圣乔治屠龙》

约 1456 年 画布蛋彩 57 厘米 ×73 厘米
伦敦国家画廊（伦敦）

这是擅长运用远近法的画家乌切洛的作品。公主被系在龙身上的画面让人感到意味深长。

圣乔治是小亚细亚卡帕多西亚传说中的圣徒，他杀死了一条恶龙，救下了原本要被献祭的公主。

圣塞巴斯蒂安是 3 世纪时古罗马的一名军官，因为信奉基督教而被下令乱箭射死，传说他得以复活并继续传教。由于鼠疫会造成与箭伤类似的伤痕，于是身受箭伤而未死的圣塞巴斯蒂安成为了疾病的守护者。

被箭伤折磨的疾病守护者

安托内洛·德·梅西纳《圣塞巴斯蒂安》

约 1476 年 木板油彩（后移至画布）171 厘米 ×85 厘米
德累斯顿国立美术馆（德累斯顿）

略微仰视的角度让圣徒的身体宛如一座丰碑，显得格外庄严肃穆。背景中纵深的广阔空间被描绘得极为出色。正是这幅作品让安托内洛为威尼斯绘画带来了革新。

最受世人喜爱的圣徒

乔凡尼·贝利尼
《圣方济各的狂喜》

1480—1485 年 木板油彩、蛋彩
124.4 厘米 × 141.9 厘米
弗里克美术馆（纽约）

　　画面展现了圣方济各晚年时，双手、双脚与侧腹上出现了跟基督受难时一样的五处圣痕的场景，也有人说是圣徒在赞颂自然。圣方济各也是一位自然派诗人，作有《万物之歌》等。画中对风景的描绘十分细致，夕阳散发着明亮而柔和的光辉。

多姿多彩的个性描绘

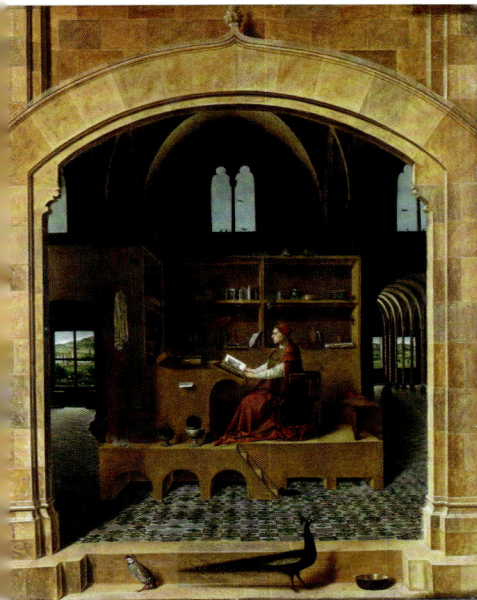

　　圣方济各（约 1182—1226）在意大利中部阿西西成立了一个以清贫、贞洁、服从为宗旨的教团，对中世纪以后的基督教社会影响很大，是意大利的守护圣徒。

　　圣哲罗姆（约 342—420）是将《圣经·旧约》与《圣经·新约》翻译成拉丁文的学者圣徒，是教会四大学者之一。

将《圣经》译成拉丁文的学者圣徒

安托内洛·德·梅西纳
《书房中的圣哲罗姆》

约 1470—1474 年 木板油彩 46 厘米 × 36.5 厘米
伦敦国家画廊（伦敦）

　　画作中的圣哲罗姆大多以在荒野中修行的姿态出现，这幅作品中圣哲罗姆却是端坐在书房中钻研的学者形象。画家用精确的远近法将一栋巨大建筑中的一间书房展现在人们面前。

最后的审判

米开朗琪罗描绘的《圣经》故事中的地狱异常恐怖，他将那些被打入地狱的人们的恐惧之情展现得淋漓尽致。作品中弥漫着强烈的末世氛围，同时也预示着一个时代的终结。

🌱 上帝的裁决

《圣经》所讲述的故事中，无论是死者还是生者，都要接受最后的审判。

12—13世纪开始，这一主题开始出现在罗马式和哥特式教堂的西侧大门上，如法国孔克的圣富瓦修道院。此外，也有的绘制在教堂西侧墙壁（教堂入口所在的墙壁）上，如画家乔托绘制的斯克罗韦尼礼拜堂西侧壁画。

🌱 西尼奥雷利的影响

在米开朗琪罗晚年的巅峰之作——西斯庭教堂正面壁画《最后的审判》中，位于最中央的基督高举右手，像是正在制造雷电的天神朱庇特（宙斯——译注）一般。在他周围，圣徒们并不像通常那样整齐地分列两边，而是被表现为混沌的、呈旋涡状的人物群像。

米开朗琪罗其实是受到了画家卢卡·西尼奥雷利所创作的奥维多大教堂圣布里齐奥礼拜堂壁画的影响。这幅大型连环壁画反映了1500年前后社会上盛行的末世思想。整个画面对那些末日到来时的民众和裸体人物形象的表现力极强。

末世论的氛围

接受审判的人类在巨大的画面中形成旋涡

米开朗琪罗·博纳罗蒂《最后的审判》
1536—1541 年 壁画 1370 厘米 ×1220 厘米 西斯庭教堂（梵蒂冈城）

在完成了西斯庭教堂天顶画之后，米开朗琪罗受命于教皇保罗三世，于 1536—1541 年又创作了这幅位于西斯庭教堂正面墙壁上的大型壁画《最后的审判》。

画面中，人们犹如被卷入旋涡一般，可以看出在当时的社会，人们被强烈的末世论所困扰，画家将这种末世氛围通过遍布画面的裸体形象充分展现了出来。这幅令人生畏的壁画，宣告了文艺复兴时期乐观积极的世界观逐渐崩塌，预示着宗教战争所引发的动乱时代即将到来。

被焚烧的恐怖地狱画

汉斯·梅姆林《最后的审判》

1467—1471 年 画布油彩 221 厘米 ×161 厘米 格但斯克美术馆（格但斯克）

　　这是画家在范·德·威登同名作品的影响下创作的作品。画面左侧，表现了天国敞开大门迎接被祝福的人们，画面右侧则是被判有罪的人们被投入熊熊燃烧的地狱之火。

小知识

天平天使

　　正如范·德·威登和梅姆林作品中所描绘的那样，在基督的下方有一位天使长米迦勒。米迦勒自古以来被人们当作驱除疾病和灾难的守护神来敬拜。

　　在范·德·威登的作品中，天平两端的两个人中，托盘向上、较轻的一方可以得到"救赎"，而在梅姆林的作品中则相反，托盘下沉、较重的一方才能上天堂。由于梅姆林受到了范·德·威登的影响，所以想必他在自己的画作中修正了这一点。

生动逼真的纪念碑式杰作

罗吉尔·凡·德·威登《最后的审判》

1442—1451 年 木板油彩 210 厘米 ×560 厘米 伯恩济贫院（勃艮第地区）

　　这幅作品是画家凡·德·威登受勃艮第公国宰相尼古拉·洛兰之命，为设立伯恩济贫院所创作的丰碑之作。人们惊恐万状的表情和逼真的裸体描绘，使这幅画备受赞誉。

审判降临前的 众生相

影响了米开朗琪罗的作品

卢卡·西尼奥雷利
《最后的审判（将有罪者
赶进地狱的天使）》

约 1500—1503 年 壁画
600 厘米 ×700 厘米
奥维多大教堂圣布里齐奥礼
拜堂（奥维多）

　　西尼奥雷利为奥维多大教堂圣布里齐奥礼拜堂所作的壁画，是一幅描绘了世界末日和最后审判的大作。它充分体现了 1500 年之前社会上流行的末世思想。姿态各异、强壮有力的裸体群像深深地影响了米开朗琪罗。

巨匠名作
扬·凡·艾克 《根特祭坛画》

画家曾为外交密使

扬·凡·艾克（约1390—1441）是北方文艺复兴时期最伟大的画坛巨匠。他早年的情况不明，同为画家的哥哥胡伯特·凡·艾克也身世成谜，目前只知道著名的《根特祭坛画》是由这两兄弟共同完成的。一开始他只是一个底稿画家，有一部叫作《都灵米兰时祷书》（都灵市立美术馆／卢浮宫美术馆）的杰出手稿，据传出自扬·凡·艾克之手。

1425年，扬·凡·艾克担任了勃艮第公国菲利普公爵的宫廷画家，搬到了利尔居住。当时的勃艮第公国疆土辽阔，从法国西部一直延伸到比利时，是当时西欧政治文化的中心。在这里，扬·凡·艾克不但创作出了很多优秀的作品，还从事过一些外交活动，作为公爵密使往来于欧洲各地。1430年，他搬到了当时的国际化商业都市布鲁日，并开设了自己的画室，从众多财力雄厚的商人那里接到了不少订单。

从油彩开始改良绘画技巧

油彩绘画技法很早之前就已经存在，但扬·凡·艾克将油彩颜料大加改良之后，这种颜料便可以描绘非常精致的细节，大大提高了油画的艺术性。此外，他还用明快的空间结构、稳重得当的人体比例，以及具有透明感的色彩，给画面赋予了强烈的真实感。扬·凡·艾克被誉为"拥有上帝之手的画家"，在他的影响下，北方文艺复兴结出了丰硕的果实。

除了《根特祭坛画》之外，他的代表作还有：为勃艮第宫廷宰相罗林所绘制的《宰相罗林的圣母》（P84），为佛罗伦萨商人夫妇的结婚或订婚仪式所绘制的肖像画杰作《阿尔诺芬尼夫妇像》（P82），等等。

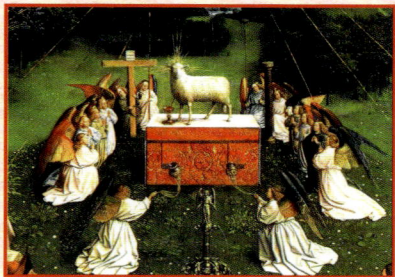

凡·艾克兄弟
祭坛中央画《神秘的祭祀羔羊》

凡·艾克兄弟合作绘制，
北方文艺复兴巅峰之作

根特祭坛画

　　凡·艾克兄弟的最高杰作。这幅大作由哥哥胡伯特起头，弟弟扬最后完成。当屏风合页全部关闭时，能看到"天使报喜"的画面以及捐赠人夫妇的形象。打开后位于祭坛画最中央的是长方形的《神秘的祭祀羔羊》，在中央画四周，天父、圣母马利亚、亚当与夏娃，以及正在合唱和奏乐的天使们纷纷登场。羔羊在祭坛上流出鲜血，代表着被钉在十字架上的基督；羔羊前方涌出的生命之泉象征着洗礼。在它两侧的画板上描绘着向神秘的羔羊敬拜的人群。

　　整个祭坛画的左上方和右上方分别画着全裸的亚当和夏娃，这是西方美术史上最早的全裸描绘，而且应该是使用了裸体的男女模特所绘的，写实性很强。

德艺双馨的天使画家

弗拉（贝亚托）·安杰利科

安杰利科的生平

这位画家更为人所熟知的名字是"弗拉·安杰利科"。安杰利科的本名叫奎多·德·皮埃特罗，生于佛罗伦萨近郊。

他的少年时代没有留下太多资料，只知道他可能师从于修士画家洛伦佐·莫纳克，1417年成为专职画家。后来他加入了菲耶索莱的多明我会[11]修道院，绘制了许多宗教画和手抄本插图。不久以后，他被佛罗伦萨美第奇家族的当家人科西莫看中，请他全权负责科西莫正在改建的圣马可修道院的装饰工作。这所修道院就是现在的圣马可美术馆，馆中以《天使报喜》为首的安杰利科的众多杰作，至今仍保留着与当年毫无二致的风貌。

1445年，安杰利科受命于当时的教皇尤金四世，来到罗马负责梵蒂冈宫殿的大规模装饰工程。这项工程一直持续到下一任教皇尼古拉斯五世，后来他又为尼格老小礼拜堂绘制了《正在布施穷人的圣劳伦斯》等众多作品。从那以后，他一直往返于罗马和佛罗伦萨之间从事绘画工作，1449年回到菲耶索莱修道院担任院长，1455年赴罗马工作时去世。

虔诚的信仰结出名画的果实

瓦萨里在《艺术家列传》（P116）（又名《名人传》）一书中记载，安杰利科每次拿起画笔前都要虔诚祷告，描绘基督受难的场景时甚至流下了眼泪。这位信仰虔诚、技艺精湛的画家，将自己纯洁无瑕的信仰之心用绘画表达得淋漓尽致。去世后不久，他便被人称为"弗拉·安杰利科"，意为"天使般的修道士"。五百年后的1982年，罗马教皇约翰·保罗二世将他尊为仅次于圣徒的真福者（贝亚托），后来便以贝亚托·安杰利科的名字为人们所爱戴。

弗拉·安杰利科《圣母加冕》
1434—1435年 木板蛋彩 112厘米×114厘米
乌菲齐美术馆（佛罗伦萨）

[1] 安杰利科是多明我会修士。

人气高涨的圣母像

圣母马利亚是基督教文化中最受人尊敬的女性。虽然在《圣经》中她只是配角，是生出了耶稣的那一位平民女子，但在基督教覆盖到的地中海沿岸，圣母马利亚的形象与当地信仰相融合，上升为一种圣母信仰。431 年的以弗所会议上，圣母马利亚被认定为"神的母亲"，于是，圣母马利亚的图像、雕像等，也逐渐形成了固定的造型。

现存最早的圣母像据说是圣卢卡所画，是与婴儿基督在一起的严肃的正面像。不久之后，画中的圣母便流露出温柔的母子之情。哥特时期圣母信仰愈发盛行，各地纷纷建起了专门供奉圣母的教堂，如沙特尔的诺特丹圣母大教堂等。意大利将这种四周围绕着天使、华丽的圣母群像称为"庄严的圣母（Maesta）"。同时，《圣经》中没有提到的圣母故事也普及开来，于是绘画作品中出现了"圣母之死""圣母升天""圣母加冕"等主题。

文艺复兴也继承了这种风潮，圣母成为最受人们喜爱的绘画主题。渐渐地，圣母的形象变

除圣母马利亚之外，《圣经》中登场的抹大拉的马利亚、友第德等女性英雄形象，也为文艺复兴美术增添了耀眼的光芒。

弗拉基米尔
《圣母像（生神之女）》
约 1130 年
特列季亚科夫美术馆（莫斯科）

奇马布埃
《宝座上的圣母子（Maesta）》
约 1279—1280 年
乌菲齐美术馆（佛罗伦萨）

得越来越温柔，特别是拉斐尔的圣母像最受人喜爱，他笔下的圣母兼具优雅与神圣感，成为圣母画的典范。

"圣会话"与《旧约》中的女性

当时人们在建造教堂的时候，很流行绘制多翼式祭坛画（P43）来做教堂装饰。不过很快，多翼式祭坛画演变成用一块大木板囊括所有内容的"圣会话"（P42）形式。远近法与光线的运用，让画家们得以在有限的范围内展现广阔的空间。以佛罗伦萨为中心，"圣会话"成为文艺复兴时期一个重要的绘画主题。

在《圣经·旧约》中，伊娃和友第德这些英雄女性，被人们视为圣母的原型而赋予了她们绘画形象，但其实在圣徒当中，抹大拉的马利亚的形象也很受欢迎。抹大拉的马利亚让人觉得格外亲切，因为她不但让人们心怀希望，觉得任何人都可以接近上帝，而且她还被画家们当作理想的美女形象来描绘，变成了一种美人画。

帕尔马·伊尔·韦基奥
《圣母升天》
约 1513 年 学院美术馆（威尼斯）

乔凡尼·贝利尼
《圣母加冕》（佩萨罗祭坛画）
约 1475 年 佩萨罗市立美术馆（意大利）

人见人爱的美人画——抹大拉的马利亚像

圣母子

作为基督教美术的核心主题，无数的画家描绘了数不清的圣母子像。而散发出人性光辉，同时又具有高贵气质的圣母子像，是从文艺复兴以后渐渐定型的，可以说这正是拉斐尔的功劳。

🌸 与地母神信仰的融合

圣母是基督教美术的中心题材，关于圣母也有无数种表现形式。但实际上，圣母马利亚在《圣经》中并没出现过几次，关于她的生平也没有清楚的记载。

但是，随着基督教的传播，圣母也成为了人们信仰的对象。它与自古以来地中海沿岸的地母神信仰——盛行于希腊的阿尔忒弥斯信仰、埃及人信奉的伊西斯女神等——融合在了一起。

在公元 431 年召开的以弗所会议上，基督教正式将圣母马利亚认定为"神的母亲（Theotokos）"（希腊语——译注），从那以后，圣母信仰愈发普及，圣母的造型也变得多样化起来。特别是在哥特时期，各地纷纷兴建起了专门供奉圣母的教堂，如诺特丹圣母大教堂等。

🌸 高贵又不失人情味的圣母像

在拜占庭艺术中，圣母像基本都是圣母和圣婴在一起的严肃的正面像，或者是坐在宝座上两人脸部相互靠近的样子。这种头戴王冠的女王式圣母像传播到意大利之后，便发展出了"庄严的圣母（Maesta）"这一绘画主题。

到了文艺复兴时期，圣母子的形象开始越来越有人情味，并出现了圣母子与其他圣徒在一起的圣会话图 （P42）。

充满了人情味和母性光辉的同时又不失作为基督之母的高贵感——这种圣母像的风格是由文艺复兴三杰之一的拉斐尔确立的，并成为了后世圣母像的典范。

基督教美术的中心

神秘而富有感情的圣母

拉斐尔·桑西《西斯庭圣母》

约 1513—1514 年 画布油彩
265 厘米 ×196 厘米
德累斯顿国立美术馆（德累斯顿）

画中的圣母被两位圣徒夹在中间，像是
飘浮在空中。她的表情充满了母性的慈爱，
但又带着一丝神秘感，这幅圣母像自古以来
便备受称赞。画面下方，向上仰望的两个小天
使尤其惹人喜爱，人们甚至单独把他们截取下
来作为明信片。可以说拉斐尔为这种具有人情
味的圣母像的推广做出了巨大的贡献。

关键词

圣像（Icon）

圣像是基督教美术的源泉。圣像大
多是描绘神或圣徒的上半身正面画像。与
神本身这一偶像（Idol）不同，圣像被人
们当作是瞻仰神的"窗"。

菲利普·利皮
《圣母子与两位天使》
约 1465 年　木板蛋彩
95 厘米 × 62 厘米
乌菲齐美术馆（佛罗伦萨）

　　利皮的画作很擅长表现人物，他笔下温柔可人的圣母自古以来就非常受人喜爱。这幅画中的圣母，据说是以他的结婚对象——一位名叫卢克雷齐亚·布提的修女为模特绘制的。

可爱又高贵的圣母

化身为平民却自带
高贵气质的圣母

拉斐尔·桑西《椅中圣母》
1514 年　木板油彩　直径 71 厘米
皮蒂宫（佛罗伦萨）

　　在这块圆形的木板上，拉斐尔从容地描绘了圣母、圣婴和施洗者圣约翰三个人物。圣母虽然身着平民的服饰，但她的面容温柔可爱又不失神圣感。拉斐尔确立的这种风格，在其后很长一段时间都是西方美术中圣母像的典范。

正是文艺复兴的人文主义精神，孕育出了具有人情味的圣母形象。

其后风靡一时的圣母像定式

拉斐尔·桑西
《福利尼奥的圣母》
1511—1512 年 木板油彩（后移至画布）
320 厘米 ×194 厘米
梵蒂冈美术馆（梵蒂冈城）

画面右下角跪着的人是这幅画的订购者——福利尼奥出生的教皇秘书官西吉斯蒙多·孔蒂。把手放在他头上的是圣哲罗姆，左下方是圣方济各和施洗者圣约翰。中间的天使手持写着铭文的木板，在他身后描绘了发生在福利尼奥的真实一幕——一个火球从天而降。实际上，的确有陨石落在了福利尼奥，砸坏了这个西吉斯蒙多家的房子，但所幸人都平安无事。他为了感恩而订购了此画并捐给教堂。这种圣母子悬浮在半空中、圣徒或订购人在下方跪拜的构图，成为后来巴洛克时代圣母像的主流形式。

小知识

巴洛克

巴洛克一词来自葡萄牙语"不圆的珍珠"。它是 17 世纪至 18 世纪上半叶在欧洲兴起的一种艺术风格，涵盖了美术、工艺、建筑等各个方面。巴洛克艺术传播到了亚洲和非洲等地，是西方艺术的巅峰。它的特点是：既具有一种现实感，能勾起人的情绪，又具有戏剧化、灵动的表现形式。

广义上来说，跟宁静端庄的古典主义相比，巴洛克有时候也指一种过于动感、欠缺均衡的美术倾向。此外，巴洛克也泛指 17 世纪所有的美术形式，包括 17 世纪的古典主义美术。绘画方面，卡拉瓦乔和卡拉奇是巴洛克美术的先驱，而鲁本斯、委拉斯凯兹伦勃朗是其中的代表人物。

圣会话

将多翼式祭坛画里面分别描绘的圣母和圣徒集中在一幅画面中，人物像是正在对话——这种形式叫作"圣会话图"。威尼斯画家将这种绘画形式发扬光大，诞生了很多令人一见难忘的作品。

将多位圣徒集合在一幅画中

所谓"圣会话"，是指以圣母子为中心，将多位圣徒集合在一幅画面中的祭坛画。

哥特时期以多翼式祭坛画为主，中央的一块板上一般是圣母或者基督，左右两边附属的几块板上单独描绘着圣徒。到15世纪，这种多翼式祭坛画演变成将所有人物统合在一块较大的木板上的形式。这样一来，同一个画面上不同时代、不同地域的圣徒们汇聚一堂，就像大家在一起谈天说地一般。于是便有了"圣会话"这么一个称呼。这一主题在威尼斯尤其受欢迎。

被威尼斯的画家们发扬光大

出生于威尼斯，活跃于佛罗伦萨的画家多梅尼哥·基尔兰达约所画的《圣卢西亚祭坛画》就是最早的圣会话形式的作品。画面右上方的光线和准确的远近法将空间完美地整合在一起。

从15世纪到16世纪，威尼斯最有影响力的画家乔凡尼·贝利尼确立了"圣会话"的基本构图与表现形式。在他的作品中，精妙的光线和优雅的人物让画面充满了诗意，在他晚年的大作《圣扎卡里亚祭坛画》中，画面左右两侧还可以看到户外风景，整幅画面充满了稳定而明亮的光线。

这种形式的圣会话图，被一位非常另类的威尼斯画家洛伦佐·洛托进一步发扬光大。他画中的人物通过各自的姿态与表情互相产生了紧密的连接。而提香的《佩萨罗家的祭坛画》打破了既往的左右对称构图，大胆使用了对角线构图，让圣会话图开始产生了动感。

圣会话图形式的完成

贝利尼最后的"圣会话"

乔凡尼·贝利尼《圣扎卡里亚祭坛画》
1505 年 木板油彩（后移至画布）
402 厘米 ×273 厘米
圣扎卡里亚教堂（威尼斯）

乔凡尼·贝利尼确立了圣会话图的基本形式，他一生中最后的杰作便是这幅作品。至今仍挂在最初悬挂此画的教堂中。低头沉思的圣徒们围绕着圣母子，画面两侧是屋外的风景，明亮的光线衬托出稳定而平静的空间感。

关键词

多翼式祭坛画

用多块板组成的祭坛画。一般格局是将圣母子或圣徒的画像或雕刻放在正中央，左右搭配圣徒的画像。在中央板的下方是描绘着圣徒传等故事场面的长方形裙板。此外还有二联祭坛画（diptych）、三联祭坛画（triptych）、多联祭坛画（polyptych）。

亲密感与戏剧化的表现

用身体姿态和视线向观者诉说

洛伦佐·洛托《圣贝纳迪诺祭坛画》

1521 年 画布油彩 300 厘米 ×275 厘米 圣贝纳迪诺教堂（贝加莫）

　　洛伦佐·洛托生于威尼斯，常在马尔凯和伦巴第等地游走，意大利的贝加莫是他产出作品最多的地方。以这幅《圣贝纳迪诺祭坛画》为开端，洛托为贝加莫的教堂绘制了不少圣会话图，有几幅至今仍保存在贝加莫的教堂里。在这幅作品中，洛托描绘了摊开一只手掌向人介绍基督的圣母、指着圣母子的施洗者圣约翰、仰望的圣方济各、圣母子下方望向画外的天使等等。他用复杂的身体姿势与视线把画中人物与观者联系在一起。此外，这幅画鲜明的色彩和广阔的空间感也给人留下了深刻的印象。

圣会话图的里程碑式大作

德门尼克·威涅齐亚诺
《圣母子与四使徒》
约 1445 年 木板蛋彩
198 厘米 ×207 厘米
乌菲齐美术馆（佛罗伦萨）

这幅圣会话图，第一次将中世纪以来圣母与圣徒分别描绘的多翼式祭坛画统合在一起。远近法与画面右侧射入的光线打造出了一个广阔的空间，是"圣会话"主题中一幅里程碑式的作品。

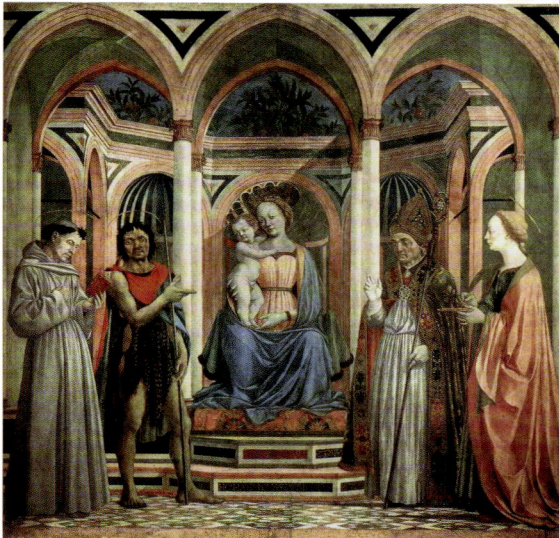

对角线构图带来的戏剧性圣会话图

提香·韦切利奥
《佩萨罗家的祭坛画》
1519—1526 年 画布油彩
478 厘米 ×268 厘米
圣方济会荣耀圣母教堂（威尼斯）

以往的"圣会话"构图多为以圣母为中心，其他人物呈左右对称分布。但在这幅画中，圣母与其他人物构成了对角线构图。因此，这一略显严肃死板的主题一下子变得富有动感和戏剧性。画面下方是此画的订购人佩萨罗一家，在他们上方是圣彼得和圣方济各。圣母子身后巨大的立柱与放置这张祭坛画的教堂立柱一模一样，如果在教堂中观赏此画，会让人感到教堂的空间一直延续到了画中。

> 将圣母与圣徒放在同一画面中，便有了这种超越时空的"圣会话"。

友第德与莎乐美

　　友第德和莎乐美经常被描绘成充满了感官诱惑的美女，所以以她们为主题的绘画一直很受欢迎。文艺复兴时期还出现了一些流露出末世颓废气息的画作，后来演变成了"命运之女"这一绘画主题。

🍓 《圣经》中充满诱惑的女性

　　《圣经》中不但有马利亚这样的圣女，也有女英雄和坏女人。

　　友第德是《圣经·旧约》的外典（续篇）《友第德记》中的女主人公，她是一个漂亮的寡妇，住在犹太的伯夙利亚城。当伯夙利亚被亚述大军包围时，友第德只身一人盛装前往敌营，色诱并灌醉了敌军主帅何乐弗尼，并趁他熟睡之机砍下了他的头，拯救了自己的家乡，可以说是一位女英雄了。虽然这是一个虚构的故事，但因为它表现了弱者也能通过信仰的力量打败邪恶势力，所以从中世纪以来，友第德的故事一直都是一个很受欢迎的绘画主题。此外，友第德也被当作是圣母马利亚的原型。

🍓 世纪末的"命运之女"主题

　　传说莎乐美是希律王和王妃希罗底所生的女儿。在一次宴会上，莎乐美跳了一支非常精彩的舞蹈，希律王十分开心，并答应满足她的任何愿望作为褒奖。

　　莎乐美和她的母亲希罗底商量了一番，向希律王提出："我想要施洗者圣约翰的首级。"于是希律王立刻逮捕了圣约翰并将他斩首，把他的头装在一个盆子里送给了莎乐美。希罗底原本是希律王的兄弟腓力的妻子，后来她与希律王再婚的时候，曾受到圣约翰的干涉，所以她将圣约翰视为眼中钉。莎乐美跳舞、接住盛着圣约翰头颅的盆等场面，原本是施洗者圣约翰传的一个小插曲，后来成为一个独立的、关于莎乐美的绘画主题。

　　友第德和莎乐美都拿下了一个男人的首级，但两个画面的区别是：与前者同时出现的是一把剑，而与后者同时出现的是一个盆。到19世纪末，友第德和莎乐美都被当作毁掉男人的魔女（命运之女），以她们为主题的绘画也风靡一时。

情欲和高冷

虽然友第德的故事表现了用美德和信仰能够打败邪恶，但也强调了美女色诱男性并取其性命这种情欲元素，于是成为人们喜闻乐见的主题。在乔尔乔内的画作中，友第德的形象虽然跟在威尼斯常见的代表"美德"的拟人像很相似，但踩着何乐弗尼首级的那条腿却充满了感官诱惑。

被砍下的头是画家自己？

乔尔乔内《友第德》

约 1504 年　木板油彩（后移至画布）144 厘米 ×66.5 厘米　冬宫博物馆（圣彼得堡）

这幅作品是英年早逝的天才画家乔尔乔内留下的为数不多的真迹之一。这种柔和的光线和色彩为乔尔乔内所独有。据说这位画家跟多位女子传出过风流韵事，而画面中双目紧闭表情严肃的何乐弗尼据说就是画家的自画像。

47

在宫廷画家克拉那赫的作品中，友第德穿的是当时宫廷中最时髦的华丽服装，表情高贵冷艳。在她手中是刚被砍下的男子头颅，面部表情却是一副充满情欲的样子。

令人感到世界末日的颓废

老卢卡斯·克拉那赫
《友第德》
1530 年　木板油彩
86 厘米 × 59 厘米
维也纳艺术史博物馆（维也纳）

友第德身上穿戴的是当时宫廷女性的服装和饰品。她脸上冷冷的表情和她手中头颅的表情形成了绝妙的对比，画面中弥漫着一种世纪尽头的颓废气氛。

成为命运之女的预感

直视观者的锐利目光

文森佐·卡特那
《友第德》
1520—1531 年　木板油彩
82 厘米 ×65 厘米
奎里尼·斯坦帕里亚美术馆
（威尼斯）

　　卡特那是威尼斯画派的画家，受到乔尔乔内很深的影响。从画面背景中可以看到乔尔乔内式的辽阔而宁静的风景。

　　少女莎乐美手捧着一个装有头颅的盆——这种单独表现莎乐美的作品是 16 世纪以后才出现的。在那之前，莎乐美只是在施洗者圣约翰传记的一个场面中作为给希律王跳舞的少女露了一下脸而已。菲利普·利皮有一幅著名的壁画，画面正中央是为希律王跳舞的莎乐美，画面左侧是从行刑人手中接过装着圣约翰头颅的盆子的莎乐美，而画面右侧是将装有头颅的盆子递给母亲希罗底的莎乐美，这是一种巧妙的异时同图构图法。

　　给观者强烈视觉冲击的头颅和莎乐美冷冷的表情——画家把这种鲜血淋漓的感官刺激与拒人于千里之外的冷酷表情放在同一个画面中，真是让人紧张得喘不过气。

用异时同图法巧妙展现故事情节的发展

菲利普·利皮 《希律王的宴会》
1452—1464 年　蛋彩　798 厘米 ×1500 厘米　普拉托大教堂（普拉托）
　　利皮这幅位于普拉托大教堂内墙的施洗者圣约翰连环壁画，因其高超的故事表现手法而成为美术史上不朽的名作。白裙翻飞舞姿曼妙的莎乐美让整个画面充满了动感与活力。

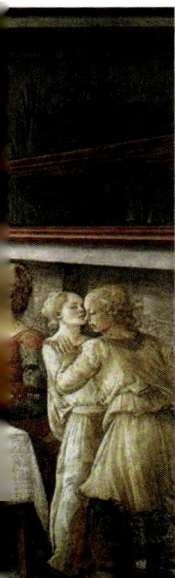

抹大拉的马利亚

虽然身为"罪孽深重的女子",但抹大拉的马利亚常常被描绘成一位身着艳丽服饰的性感美人。她忏悔的身姿和基督说"不要碰我"的场景,是最受人喜爱的画面。

从负罪之身到受人爱戴的圣女

抹大拉的马利亚是基督教题材绘画中最受欢迎的圣女。故事中,她原本是一个罪孽深重的女子,后来追随了基督。

当基督被钉在十字架上的时候,她远远地守望;基督死去后,她又去参谒他的墓地,却看到基督复活。她刚要靠近时,基督说道:"请不要碰我。"据说基督复活之后,她便去了法国南部博纳的山中修行。

因为她曾给基督涂抹当时非常昂贵的香油,所以画面中的香油壶便是她的身份证明。

很多画家通过华美的服装和饰品,把抹大拉的马利亚描绘成了当时人们理想中的美女形象,正如克里韦利的作品一样。

最时髦的圣女

卡洛·克里韦利《抹大拉的马利亚》
约 1477 年 木板蛋彩 152 厘米 ×49 厘米
阿姆斯特丹国立美术馆(阿姆斯特丹)

画面中抹大拉的马利亚手持香油壶望向画外,充满蛊惑的表情似乎正在引诱着观看者。这位圣女曾经是个"坏女人",却以当时最时尚的造型出现了在画面中。日本作家涩泽龙彦[1]尤其喜欢这幅作品。

---

[1] 涩泽龙彦,日本现代著名小说家、评论家。对三岛由纪夫、寺山修司等人影响甚深的"暗黑美学大师"。

连忏悔也充满了诱惑

提香·韦切利奥
《忏悔的抹大拉的马利亚》

约 1553 年　木板油彩　84 厘米 ×69 厘米
皮蒂宫（佛罗伦萨）

　　这幅画展现了抹大拉的马利亚在博纳山中修行时的半裸形象。她在这一主题的画作中大多是一种非常憔悴的模样，但提香的这幅作品却以展现丰腴性感的肉体让人耳目一新。

　　从 16 世纪的天主教改革开始，抹大拉的马利亚就逐渐以忏悔的姿态出现在美术作品中。但提香多次以性感形象描绘了抹大拉的马利亚，所以很受欢迎。

受欢迎程度
堪比圣母的圣女

姿势与表情最为复杂的杰作

科雷乔《请不要碰我》

约 1518 年　木板油彩　130 厘米 ×103 厘米
普拉多美术馆（马德里）

　　抹大拉的马利亚看到复活的基督后不由自主地想要靠近他，但基督躲闪了一下并说道："请不要碰我。我还没有去面见上帝。"这是圣约翰传记中的场景。

抹大拉的马利亚被各种逸闻传说赋予了十足的魅力，在圣母怜子和基督复活等种种场景中都有她的出现。

《圣经》故事中的裸体

中世纪前，绘画作品中的女性裸体像就只有夏娃这个例外。到了文艺复兴时期，画家们以使用《圣经》故事题材为借口，开始创作更加富有情欲色彩的裸体画。

🍎 夏娃曾是唯一的女性裸体像

典雅精致的裸体像曾是古希腊时期所崇尚的理想美，但到了中世纪，几乎全部消失不见了。

虽然男性裸体像以基督磔刑像的形式一直流传下来，但唯一被允许的女性裸体像只有夏娃。中世纪的夏娃仿照古代女神维纳斯，以"谦逊的维纳斯"的姿势示人（P63）。这一点从马萨乔的《逐出伊甸园》中便可见一斑。

另一方面，《圣经》中有不少出现裸体女子的场景。比如苏珊娜沐浴、拔示巴沐浴等故事。在《圣经》外典故事中登场的苏珊娜本是一个富有的犹太人的妻子，有两个长老不但偷窥她沐浴，还想轻薄于她。虽然苏珊娜严词拒绝了，但这两个人却倒打一耙，以诱惑淫乱之罪告发了苏珊娜。最后，先知但以理证明了苏珊娜的清白。

而后者拔示巴，是大卫王手下一位军官乌利亚的妻子，有一次，大卫王在宫中见到了拔示巴沐浴的身姿，念念不忘，于是想方设法把拔示巴的丈夫乌利亚派上战场去送死。

🍎 借《圣经》表达情欲的裸体像

无论如何，男人偷窥入浴的裸体女子这种主题，就已经具备了情欲的要素。画面中女性裸体诱导着观看者的视线，同时又有男性角色登场来展现对裸体的欲望，更增添了画面的感官刺激。比如苏珊娜故事中的长老，拔示巴中的大卫王，都起到了侧面烘托的作用。

这类绘画主题从 16 世纪以后开始出现，到了巴洛克时期，更是被画家们当作借口，创作了不少充满情色意味的裸体像。

浓厚的情欲色彩

刺激观看者欲望的妙招——偷窥视角

丁托列托《苏珊娜沐浴》

1555 年前后 画布油彩 146 厘米 ×193 厘米
维也纳艺术史博物馆（维也纳）

　　丁托列托的作品比起前辈提香或同时代的画家委罗内塞来说，其实情欲色彩并不算太强烈，但在这幅作品中，丰满的肉体上映着微妙的光影交错，使其成为裸体画中的杰作。

　　以《圣经》故事为借口，文艺复兴的画家们将人体美作为一种理想美，开始描绘女性裸体像，谱写了一曲人体的赞歌。

　　丁托列托是威尼斯画坛巨匠，在这幅作品中，洁白丰满的裸体女子的手边和身后不远处各有一位长老正在窥视。像这样用观看者视线的视角来描绘偷窥者，加强了女子肉体的诱惑力。同样的手法在《戴安娜与阿克泰翁》《朱庇特与安提厄普》等作品中也频繁出现。

凡·艾克兄弟《夏娃》（根特祭坛画局部）

1426—1432 年 木板油彩 213 厘米 ×32.3 厘米
圣·巴沃大教堂（根特）

  这张夏娃像是凡·艾克兄弟毕生大作《根特祭
坛画》（P33）的一部分，是北方画派写实裸体像中
的杰作，前来参观的画家丢勒对此感触颇深。

  丢勒从德国来到意大利，学习了古典与文艺复兴
时期理想的人物表现手法之后，将他的学习成果展现在
了《亚当和夏娃》这幅作品中。夏娃的身体不同于当时
凡·艾克或者雨果·凡·德·古斯画的那种下腹突出的
真实裸体，而是接近九头身比例、端庄大气的体态。

初期佛兰德斯画派笔下的夏娃

雨果·凡·德·古斯《原罪》

1479 年 木板油彩 33.8 厘米 ×23 厘米
维也纳艺术史博物馆（维也纳）

  夏娃的裸体姿态是典型的北方风格，长着
四只脚的蛇模样也挺可爱。

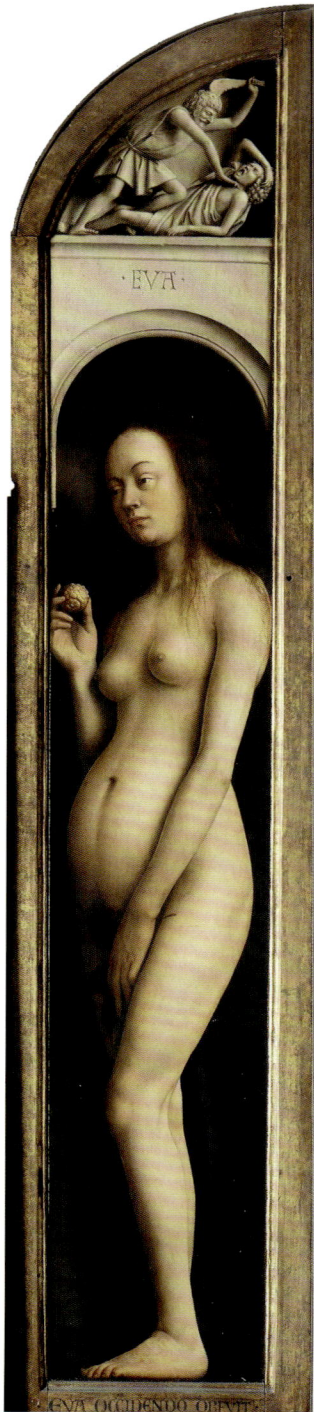

54

夏娃的裸体变迁之路

探索理想的人体表现

阿尔布雷特·丢勒

《亚当和夏娃》

1507 年 木板油彩

各 209 厘米 ×81 厘米

普拉多美术馆（马德里）

在丢勒的作品中，跟北方式的裸体相对，亚当和夏娃展示出了意大利式端庄大气的裸体。为了普及这样的人体绘画风格，丢勒还特意撰写了《人体比例四书》。

北方画家笔下"不那么北方"的裸体画

老卢卡斯·克拉那赫《夏娃》

1528 年 木板油彩 167 厘米 ×61 厘米

乌菲齐美术馆（佛罗伦萨）

受意大利画风的影响，在这幅作品中，夏娃的人体比例被拉长了。画面中流露出克拉那赫那种特有的若隐若现的情欲。

对 20 世纪产生巨大影响的"沉默的巨匠"

皮耶罗·德拉·弗朗切斯卡

谜一般的画家

　　关于意大利文艺复兴时期最杰出的画家皮耶罗·德拉·弗朗切斯卡（1415/1420—1492）的生平，人们知之甚少，他也没有留下太多作品。他出生于阿雷佐近郊的圣塞波尔克罗，1439年前后移居到了佛罗伦萨，师从于当时活跃于佛罗伦萨的画家德门尼克·威涅齐亚诺，他既是威涅齐亚诺的学徒，也是威涅齐亚诺工作上的助手。他为阿雷佐的圣方济各教堂创作了连环壁画《圣十字架的传说》，展现出了他大画面的构图能力和卓越的人物群像表现力。

　　后来，他为乌尔比诺公爵费德里科·德·蒙特菲尔特罗工作，创作了乌尔比诺公爵夫妇肖像画（P83）、《鞭笞基督》（P16）等名作。同时他还是一位数学家，留下《论算数》《绘画透视法》《正多面体论》三部著作。

专属于数学家的美感

　　皮耶罗·德拉·弗朗切斯卡曾被埋没在漫长的历史中，但到了20世纪，忽然戏剧性地被人们重新发现。在他的作品中可以看到静谧的氛围、极富秩序感的简洁构图、美妙的色彩搭配……尤其是对建筑形态的把握堪称几何学的典范。这些元素与经历过立体主义洗礼的现代审美意识有着异曲同工之妙。乔治·修拉[1]、巴尔蒂斯[2]，以及日本画家有元利夫[3]等人都深受其影响。

《圣十字架的传说》

1452—1466 年　壁画　356 厘米 ×747 厘米
圣方济各教堂（阿雷佐）

　　阿雷佐的圣方济各教堂内壁上，留存着皮耶罗最大的一幅作品——壁画《圣十字架的传说》。这幅画展现了君士坦丁大帝的母亲海伦娜来到耶路撒冷，找到了传说中基督受难十字架的场景。画面背景是辽阔的阿雷佐风光。

---

[1] 乔治·修拉（Georges Seurat, 1859—1891），法国画家。代表作品有《大碗岛星期天的下午》《安涅尔浴场》。

[2] 巴尔蒂斯（Balthus, 1908—2001），20 世纪卓越的具象绘画大师。代表作品有《猫照镜子》《画家与模特》。

[3] 日本当代画家。

第3章

神话

古代思想文化的影响

文艺复兴有一个很大的特征就是复兴古代的文化和思想。不过即使是在中世纪，古代文化也并没有被人们抛在脑后。它们一样被人们继承下来，只不过没有流露于表面罢了。到了文艺复兴时期，这些古代思想文化作为新柏拉图主义思想的重生，被纳入了基督教文化的框架中。

在梵蒂冈宫"签字厅"的墙壁上，是拉斐尔非常著名的壁画作品。其中一面墙上是基督教的精神根基《圣体争辩》，而另一面墙上则是古希腊先贤们开展逻辑辩论的《雅典学院》。这其实是将基督教与古代先哲的思想放在了对等的位置。在那个时代，人们对古代遗址和艺术品的发掘也很有热情，拉斐尔本人就做过许多相关的工作。

16 世纪初发现的《拉奥孔》和《贝维德雷的躯干》等古代雕像名作，深深地感染了当时以米开朗琪罗为首的众多艺术家，并对其后的人体表现形式产生了决定性的影响。当时的教皇和领主们也纷纷热心收藏古代雕像，用来装饰自己的宫殿。

富有寓意的神话

文艺复兴时期，人们将古希腊古罗马神话赋予了富有寓意的解读，比如维纳斯代表了爱与美、密涅瓦代表了智慧等等。古代诸神

古希腊和古罗马的思想文化，在文艺复兴的光芒照耀下产生了种种新的表现形式。

《贝维德雷的躯干》
1 世纪前后 梵蒂冈美术馆

《拉奥孔》
公元前 42—公元前 20 年前后
梵蒂冈美术馆

作为各种美德的拟人像，被赋予了新的意义。

古代的维纳斯像最常见的便是"谦逊的维纳斯"这一姿态。到了中世纪，这种姿态在夏娃身上得到延续，而让维纳斯形象重新复活的，就是波提切利的名作《维纳斯的诞生》。

《变形记》（古希腊罗马神话集）是古罗马诗人奥维德将古代神话以通俗易懂的方式重新编纂后的作品。这部诗集从中世纪开始广为流传，到了文艺复兴时期，画家们常常从中取材，作为绘画主题。书中提到，天神朱庇特（宙斯）经常化身为各种形态下凡诱拐人间女子，或是把忤逆众神的人类变化成各种生物。

这些故事多少有些情色的成分在其中，在这类题材的作品中，尤其以科雷乔和提香那种令人脸红心跳的创作手法最受欢迎。

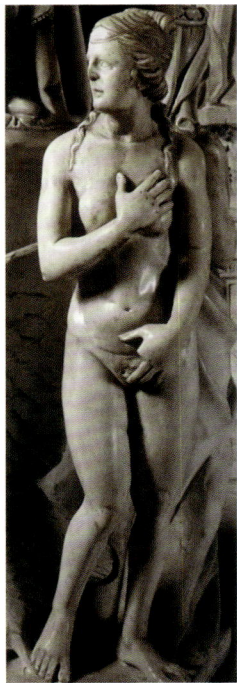

乔瓦尼·皮萨诺
《谦让的拟人像》
1310 年 圣约翰（比萨）
洗礼堂讲经台

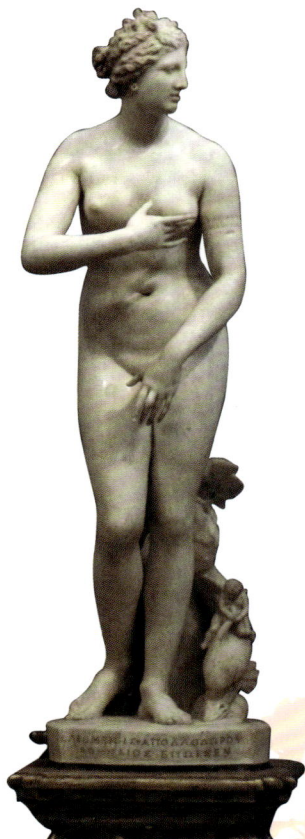

《美第奇的维纳斯》
约 2 世纪
乌菲齐美术馆
（佛罗伦萨）

为神话赋予寓意，让美术作品绽放异彩

维纳斯

维纳斯是文艺复兴时期重新焕发生机的女性裸体像代表人物。寓意为爱与美的维纳斯，她的魅力不仅仅是她美丽的姿容，画家们为她赋予的寓意，她手的位置、身体姿势的由来，都十分耐人寻味。

❧ 女性人体美的代名词

人体美在古代被视为理想美，表现人体的艺术创作也很流行。但到了中世纪，人们开始否定人体美，除了基督受难和亚当夏娃之外，几乎看不到裸体的画面。

到了文艺复兴时期，古代思想文化得以复苏，在意大利，新柏拉图主义流行的同时，古代神话中的众神也复活了，维纳斯再次出现在人们的视野中。

人体艺术在古希腊得到了确立和发展，但女性裸体像的出现要晚于男性裸体像，直到公元前 4 世纪中叶才登场。最早的作品是普拉克西特列斯的雕塑《尼多斯的阿芙洛狄忒》。后来，代表爱与美的女神维纳斯（希腊名阿芙洛狄忒）几乎只用裸体形象出现，成为了女性人体美的代名词。

❧ "躺着的维纳斯"成为西方传统绘画的主题

"躺着的维纳斯"这一主题并不是古已有之，它可能是起源于放置婚礼服装的衣橱上所描绘的维纳斯形象。威尼斯画家乔尔乔内在其名作《沉睡的维纳斯》中，首次将维纳斯描绘成一个玉体横陈的裸女。后来他的同门师弟提香也在其作品《乌尔比诺的维纳斯》中继承了这种姿态，于是，"躺着的维纳斯"成为日后西方传统绘画一个长期的主题。

在波提切利的名作《春》当中，画面上橙子树和月桂树繁花盛开，这一片丰饶的土地代表了维纳斯的王国。这幅画应该是送给当时佛罗伦萨的统治者美第奇家族中的洛伦佐·迪·皮耶罗·弗朗切斯科的结婚礼物。

从感官之爱到至上之爱

　　新柏拉图主义所提倡的是从感官上的愉悦变为精神上的大爱。其间种种爱的不同形态在画卷上徐徐展开。

　　画面中央站立着爱与美的女神维纳斯。画面最右端，宣告春天到来的西风之神泽费罗斯抱着大地宁芙（精灵）克罗丽丝，向她吹出温暖的气息。于是克罗丽丝的口中溢出了花朵，化作了她身旁的花神芙罗拉（也叫作春天女神普丽马维拉）。

　　维纳斯身旁挽着手的三位女子是追随维纳斯，象征"美""贞洁""欢愉"的三美神。维纳斯头顶上蒙着眼睛的丘比特，正将弓箭对准三位女神中的"贞洁"。画面最左边站着的，是掌管理性与学识的众神使者墨丘利。

画面从右到左，描绘了不同形态的爱

桑德罗·波提切利《春》（*Primavera*）
约 1482 年 木板蛋彩 203 厘米 ×314 厘米 乌菲齐美术馆（佛罗伦萨）
画在地面上盛开的鲜花据说有四十种以上、五百多株。

成为维纳斯形象代名词的名画

桑德罗 · 波提切利《维纳斯的诞生》

约 1485 年 画布蛋彩 172 厘米 ×278 厘米
乌菲齐美术馆（佛罗伦萨）

　　从海浪的泡沫中诞生的维纳斯，被塞浦路斯
的海风吹拂着漂到了岸边。旁边的季节女神荷拉
正在为她披上衣服。维纳斯沿袭了古代"谦让的
维纳斯"的姿势，整体构图借鉴了施洗者圣约翰
站在约旦河边为基督施洗的那幅《基督受洗》。

> 维纳斯的这个固定姿态，其实是
> 有渊源的，说来话长。

借用了维纳斯姿态的夏娃

马萨乔《逐出伊甸园》

1424—1427 年 壁画 208 厘米 ×88 厘米
卡尔米内圣母大殿布兰卡契礼拜堂（佛罗伦萨）

　　亚当和夏娃被手持利剑的天使驱赶，二人
哭泣着走出了伊甸园的大门。表情悲痛的夏娃
便是"谦逊的维纳斯"的姿态。

谦逊 的 维 纳 斯

一直延续到20世纪的传统绘画主题"沉睡裸女"的起点

乔尔乔内《沉睡的维纳斯》
约 1510—1511 年 画布油彩 108.5 厘米 ×175 厘米 德累斯顿国立美术馆（德累斯顿）

　　画面中描绘了在一片安静祥和的风景中沉睡的维纳斯。最初在她的脚边似乎还画着丘比特。在这幅名作之后，以维纳斯为主的"沉睡裸女"这一题材便流行起来，一直延续到了20世纪。背景中的风景画是提香完成的，当时的提香与乔尔乔内同为乔凡尼·贝利尼门下弟子。

小知识
谦让的维纳斯

　　古代时，大部分的维纳斯像都是以双手遮住前胸和下体的姿态来示人，也就是"谦逊的维纳斯"姿态。

　　到了中世纪，这种姿态不仅用在维纳斯身上，也用在了夏娃身上，如马萨乔的《逐出伊甸园》。而波提切利的《维纳斯的诞生》，则将这个招牌动作又还给了维纳斯。

"裸女像"中的杰作

提香·韦切利奥
《乌尔比诺的维纳斯》
1538 年　画布油彩
119 厘米 × 165 厘米
乌菲齐美术馆（佛罗伦萨）

　　这幅画比同门师兄乔尔乔内的那幅《沉睡的维纳斯》更加世俗化。维纳斯拿着她的象征物——红玫瑰，眼光望向观看者。这幅画是乌尔比诺公爵订购的。背景中的少女把头探进长方形衣橱里，似乎正在给维纳斯拿衣服穿。

充满了
寓意的维纳斯

一个穿着衣服，一个赤身裸体——两个维纳斯之谜

提香·韦切利奥《圣爱与俗爱》

约 1515 年　画布油彩　118 厘米 × 279 厘米　波格赛美术馆（罗马）

　　裸体女子代表神圣的爱，穿衣女子代表世俗的爱，有人认为这种对比表现出了新柏拉图主义关于爱的思想。不过画面中还有中央泉水围栏上的浮雕，这幅画的主题仍然有着许多未解之谜。近年来有一种比较有力的说法认为，此画是威尼斯十人委员会书记官尼克鲁·奥雷里奥与帕多瓦的叛徒（此处典故不明）的女儿劳拉·巴加罗蒂的结婚纪念画，所以此画的意义也是围绕这对夫妇展开的。

充满了象征和寓意的维纳斯像

阿尼奥洛·布龙齐诺《爱的寓意》

约 1540—1545 年 木板油彩 146 厘米 ×116 厘米 伦敦国家画廊（伦敦）

　　手中握着金苹果的维纳斯正在和丘比特接吻，整个画面爱欲满溢。拿着红玫瑰正要撒花瓣的小孩和画面左下角的鸽子也是情欲的元素。在他们背后，左侧双手抓着头发的老太婆是"嫉妒"的拟人像，右侧的上半身是少女、下半身是兽类的则是"欺瞒"的拟人像，她一手拿着蜂巢，另一只手藏在背后，握着一只蝎子。在她前方的地面上放着象征欺骗的假面具。此外，画中的维纳斯正在拿走丘比特最重要的箭矢，而丘比特似乎正要把维纳斯发间那华贵的头饰取下来。

　　这幅画其实是在训诫那些男女情爱中的虚妄和私欲。画面上方似乎正要掀开幕布的老人其实是"时间"的拟人像（时间老人），暗示着经过时间的检验一切虚妄和私欲都将大白于天下。

朱庇特求爱

文艺复兴时期，许多古代神话中的众神在绘画作品中得到重生。希腊罗马神话中的主神朱庇特（宙斯）以各种形态接近人间女子的主题尤其受欢迎，诞生了许多极富魅力的名作。

🍎 情欲题材惹人爱

神话中的朱庇特（希腊神话中的宙斯）是奥林巴斯十二神的主神，是君临天下的众神之首。但他是一个好色之徒，经常幻化成各种形态，下凡来诱拐年轻女子。他的妻子朱诺（希腊神话中的赫拉）每每因此大发雷霆，经常搅扰他的"好事"。

这些逸事都被写在奥维德的《变形记》中，成为众多美术作品的灵感源泉。朱庇特化为黄金雨与达娜厄交合，化为云雾占有了美女伊娥，化为天鹅勾引了丽达，化为公牛劫走了公主欧罗巴，化为老鹰又拐走了美少年伽倪墨得斯……这类题材常伴有诱人的裸体形象，16世纪以后尤其受欢迎。特别是科雷乔，受曼图亚公爵所托画了很多与众神之爱相关的画作。

朱庇特的求爱对象

※原则上以罗马名表记，（ ）内是希腊名，▶是朱庇特的化身形态

阿尔克墨涅
　▶未婚夫：安菲特律翁
安提厄普
　▶半兽人
伊娥　P68
　▶云雾
欧律诺墨
欧罗巴　P69
　▶公牛
卡利斯托
　▶狄安娜（阿尔忒弥斯）
色列斯（德米特）

塞梅勒
达娜厄　P67
　▶黄金雨
涅墨西斯（变身为鹅）
　▶天鹅
玛雅
摩涅莫辛涅
梅蒂斯
拉托纳（勒托）
丽达　P69
　▶天鹅

提香·韦切利奥
《朱庇特与安提厄普（帕尔多的维纳斯）》（部分）
1535—1540年　画布油彩
卢浮宫美术馆（巴黎）

落入女子身体 化为**黄金雨**

黄金雨洒向散发光芒的裸体

提香·韦切利奥《达娜厄》

1553—1554 年 画布油彩 128 厘米 ×178 厘米 普拉多美术馆（马德里）

　　化身为黄金雨的朱庇特降落在了被幽禁在塔中的达娜厄身上。年老的女仆正想接住那些从天而降的黄金。达娜厄光芒四射的裸体可谓是提香绘画中最为精彩的部分。

仰望的达娜厄令人难忘

扬·戈沙尔特
《达娜厄》
1527 年 木板油彩
113.5 厘米 ×95 厘米
老绘画陈列馆（慕尼黑）

　　画中的达娜厄端坐在一个类似古代神殿的圆形建筑中，而黄金雨正从上方落下，洒在她身上。戈沙尔特是一位在意大利学习过人体绘画技法的佛兰德斯画家，涉猎这种神话题材，在北方画家中实属难得。

科雷乔《朱庇特与伊娥》

约 1531 年 画布油彩 163.5 厘米 × 74 厘米
维也纳艺术史博物馆（维也纳）

化作云雾的朱庇特拥抱着伊娥，而伊娥似乎已经神情恍惚。科雷乔的这一系列名作"朱庇特之爱"，原本是用来装饰曼图亚公爵的德泰宫的，现分散藏于各大美术馆。

> 散发着光辉的身体和美人迷离的表情……值得瞩目的不仅是天神幻化出的百态，还有女子被求欢时的姿态和神情。

美少年也不放过

科雷乔《伽倪墨得斯》

1531 年 画布油彩 163.5 厘米 × 70.5 厘米
维也纳艺术史博物馆（维也纳）

朱庇特化身为一只老鹰，把特洛伊的牧羊美少年伽倪墨得斯抓走并带到了奥林匹斯山上，让他成了一个为众神斟酒的小侍从。

只有摹本流传下来的大师之作

弗朗切斯科·梅尔奇
《丽达与天鹅》（弟子临摹
达·芬奇原画的摹本）
1508—1515 年　木板油彩
130 厘米 ×77.5 厘米
乌菲齐美术馆（佛罗伦萨）

　　朱庇特化身为一只天鹅，接近斯巴达王后丽达并与她交合，丽达生下了两个鹅蛋。列奥纳多·达·芬奇亲笔所作的原画虽然不在了，但这幅画被很多人临摹过，从摹本当中也能看出一些大师的想法。

变化形态接近目标

鲜活的动感令人难忘

提香·韦切利奥
《劫夺欧罗巴》
1559—1562 年　画布油彩
185 厘米 ×205 厘米
伊莎贝拉·斯图尔特·加德纳
博物馆（波士顿）

　　朱庇特化作一只白色的公牛，驮走了在海边与侍女玩耍的腓尼基公主欧罗巴，并把她带到了克里特岛。这幅画是提香为腓力二世所创作的一系列"诗意神话"（Poesia）中的一幅，现藏于美国波士顿。

拉斐尔的世界

协调而充满秩序感的画面组成，卓越的构图，大胆的明暗对比，戏剧性的人物表现——拉斐尔的壁画"房间（Stanze）"是当之无愧的典范，对后世的绘画艺术产生了极大的影响。

成为后世典范的壁画——"房间（Stanze）"

西方美术史上最厉害的天才画家拉斐尔·桑西，生于意大利的乌尔比诺，他从父亲那里得到了最早的绘画启蒙。他在 21 岁时前往佛罗伦萨，在佩鲁吉诺的画室中学习。列奥纳多·达·芬奇也对他产生了很大的影响。

后来教皇尤利乌斯二世召拉斐尔去了罗马，1509 年到 1510 年间拉斐尔为梵蒂冈宫殿的签字厅创作了《雅典学院》《圣体争辩》两幅作品，然后在埃利奥多罗厅又画了《解救圣彼得》和《放逐埃利奥多罗》两幅壁画。

《圣体争辩》和《雅典学院》这两幅壁画，让基督教的神学世界与古希腊的知识殿堂共处一室，又不失秩序与协调。《解救圣彼得》和《放逐埃利奥多罗》则采用了戏剧化的故事表现手法，达到了极佳的视觉效果。

这些壁画被叫作"房间（Stanze）"，成为西方绘画中人物表现与群像构图的最高典范，被后人反复模仿。

文艺复兴盛期的古典主义走向衰退

正如拉斐尔的圣母子像所展现的那样，他以自己的老师佩鲁吉诺那种优美的人物形象为出发点，加上达·芬奇式的严谨构图和米开朗琪罗式强壮有力的人体线条，才孕育出了梵蒂冈宫殿房间中那种轻快明朗的故事绘画表现手法。

但可惜的是，由于拉斐尔深受教皇信任，工作异常繁重，在他 37 岁那年，也就是 1520 年便英年早逝。拉斐尔的早逝，给这种最为优雅和谐的文艺复兴盛期古典主义艺术风格蒙上了一层阴影。

群像中还混入了达·芬奇和
米开朗琪罗

拉斐尔·桑西《雅典学院》

1509—1510 年 蛋彩 宽 770 厘米
梵蒂冈宫签字厅（梵蒂冈城）

梵蒂冈宫签字厅是教皇尤利乌斯二世的书房兼图书馆，它的壁画主题是真善美。而这幅画所表达的便是"真"，也就是物理上的真实。画面以中央的柏拉图（以达·芬奇为模特）和亚里士多德为中心，下面坐着第欧根尼，用手支着脸颊的是赫拉克利特（以米开朗琪罗为模特），画面左侧被学生围着正在写东西的是毕达哥拉斯。画面中汇聚了古希腊众多的思想家，右侧还有拉斐尔的自画像（P91）。背景则是拉斐尔的同乡、建筑家布拉曼特主持重建的圣彼得大教堂。

安静 的 签 字 厅

拉斐尔最早的壁画

拉斐尔·桑西
《圣体争辩》

1509—1510 年 蛋彩
宽 770 厘米
梵蒂冈宫签字厅

这幅作品的主题是精神上的真实，是基督教世界的一种曼陀罗[1]。画面中央，天父、基督、圣灵纵向排列，下方是安放圣体的祭坛。基督身边围绕着圣徒，而祭坛周围则是对基督教圣体思想的确立做出贡献的众多教会学者。这是拉斐尔"房间（Stanze）"绘画中最早的一幅作品。

[1] 意为圆满——译注。

关键词 **古典主义** 一种以古希腊、古罗马和文艺复兴盛期的绘画形式为范本，重视协调、均衡、秩序感的绘画风格。它发源于 17 世纪的博洛尼亚画派，到尼古拉斯·普桑最终确立。古典主义理论家的代表人物主要有安格尔、贝洛里等。

动感的埃利奥多罗厅

成为后世夜景画典范的壁画

拉斐尔·桑西《解放圣彼得》

1513 年 蛋彩 宽 660 厘米 梵蒂冈宫埃利奥多罗厅（梵蒂冈城）

　　作为教皇尤利乌斯二世的私人房间，埃利奥多罗厅被拉斐尔填满了戏剧性的故事画画面。这幅画表现了圣彼得被抓进监牢，天使降临解救圣彼得的场景。画中的圣彼得便是以尤利乌斯二世为原型的。画面中央是降临监牢光芒四射的天使，右侧是拉着圣彼得走出来的天使，左侧是发现圣彼得不见了而气急败坏的士兵，这是运用了异时同图法。以牢房的铁栅栏为中心的出色构图，以及在蛋彩壁画中极少见的大胆的明暗对比，让这幅壁画成为后来夜景画（P126）的典范。

连续剧一般的故事情节

拉斐尔·桑西
《放逐埃利奥多罗》

1511—1512 年 蛋彩
底边长 750 厘米
梵蒂冈宫埃利奥多罗厅（梵蒂冈城）

　　埃利奥多罗想要抢夺耶路撒冷神殿中的教会财产，于是身骑白马的骑士从天而降将他驱逐。画面右侧是倒地的埃利奥多罗，中央纵深空间的最里面可以看到正在祈祷的圣彼得，左侧是坐在轿子上的尤利乌斯二世。

画在客户别墅中的壁画之一

拉斐尔·桑西
《加拉蒂亚的凯旋》
1512—1514 年 蛋彩
295 厘米 ×225 厘米
法尔内西纳别墅（罗马）

　　海中的宁芙（精灵）加拉蒂亚乘着海豚牵引的凯旋船，身边围绕着吹海螺的卫士托利通、海之精灵内莱伊斯与海马希波坎波斯等。这幅作品是位于罗马城台伯河西岸的法尔内西纳别墅中的一幅壁画，这座别墅是基吉（当时的财政大臣、银行家）家的居所。别墅中这幅画之外的其他壁画，是由以朱利奥·罗马诺为首的一众拉斐尔的弟子完成的。

这幅作品不但取材于古罗马神话，连人物的姿态也是以古代风格为蓝本的。

对古代风格颇有研究的拉斐尔

拉斐尔·桑西
《三美神》
1504—1505 年 木板油彩
17 厘米 ×17 厘米
孔代美术馆（尚蒂依）

　　三美神是指维纳斯、朱诺和密涅瓦，在新柏拉图主义中代表了爱、贞洁与美，在波提切利的《春》（P61）中也有体现。这幅作品中的三美神摆出了与古代同一主题绘画相同的姿态，从中可以看出拉斐尔对古代绘画艺术的研究成果。

73

壁画、蛋彩、油彩

文艺复兴时期的绘画技法

壁画的技法——湿壁画

西方绘画分为建筑物附带的壁画和版画（Tableau）（可以搬运的画）。从古代开始，壁画开始采用湿壁画这种技法。先在墙上刷上石灰，趁墙面还没干的时候用水溶性的颜料在墙壁上作画，待墙面干透，颜料便一同被封在了墙里，所以即使经过漫长的岁月也不会剥落。

从 14 世纪到 18 世纪，欧洲各地绘制了很多大型的湿壁画，它们中大部分直到现在仍然光鲜亮丽。不过，湿壁画需要先绘制完美的底稿，还要在墙壁未干之前快速绘制，所以想要熟练掌握湿壁画的技法，需要花很长时间来学习。

画布油彩成为主流

说到版画，在古代有一种用蜜蜡在木板上绘画的技法。从中世纪到文艺复兴，蛋彩木版画开始流行起来。蛋彩是以鸡蛋调和颜料，在木板上涂上胶和石膏打底的绘画技法。由于它干得太快，不太适合晕染。

15 世纪，佛兰德斯地区发明了油彩颜料。油彩颜料可以多层涂抹，特别适合描绘精致的细节和表现明暗对比。在意大利，油彩从 16 世纪开始成为主流颜料，版画的载体也从木板变成了画布。画布不像木板那样无法弯曲裁剪，它可以很轻巧地携带，十分便利，所以直到现在还被广泛使用。特别是在 16 世纪的威尼斯，诞生了大量的大型画布油彩壁画。

梅尔滕·梵·海姆斯凯克
《为圣母子画像的圣卢卡》
1550—1553 年 画布油彩
206 厘米 ×144 厘米 雷恩美术馆（雷恩）
画家将自己扮作圣卢卡，在画中为圣母画像。

第 **4** 章

人物

以人为本的时代

文艺复兴开启了人代替神成为世界中心的新时代。自绘画诞生之日起，便有了能让人容颜永驻的肖像画。肖像画从古埃及、古罗马时代便已存在，在古罗马，不单是皇帝，富裕的市民阶层中也很流行雕刻自己的写实雕像。贵族还会用自己祖先的肖像雕刻来装饰宅邸。

到了中世纪，这一传统也没有中断，人们会在庙堂陵墓中雕刻逝者的肖像。

早期的肖像画以侧面（轮廓）肖像为主。后来，为更好地展现人物个性，四分之三正面像成为主流。这种肖像画是以凡·艾克为代表的佛兰德斯画家们首创的，后来被安托内洛·德·梅西纳带到了意大利。

各种肖像画的诞生

在肖像画中，男性肖像会借助一些小道具来显示身份地位，而武将一般用骑马像来展现英姿。

与真人等身大的骑马像虽然在历史上消失了一段时间，但到了文艺复兴时期，雕刻家多纳泰罗以古罗马时期保存下来的《马可·奥勒留骑马像》为蓝本，在帕多瓦打造了一座铸造雕像——《加塔梅拉塔骑马像》，使等身骑马像这种肖

《马可·奥勒留骑马像》
坎皮多里奥广场（罗马）

在以人为本的文艺复兴时期，以展现各种各样的人物像为代表，诞生了各种各样的肖像画作品。

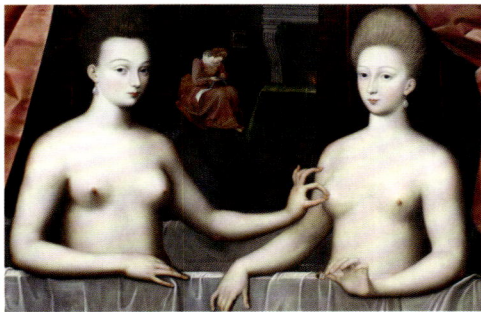

《加布里埃尔·埃斯特雷和她的姐妹（两位沐浴的女子）》枫丹白露画派
约1594年
卢浮宫美术馆（巴黎）

像形式得以复苏。后来还出现了一些用大画幅来描绘皇帝骑马像的画家，如提香（P85）。

　　而女性肖像画一般都是身姿优雅，珠光宝气，但这样一来，肖像画与一般的美人画便很难区分。也有一些王公贵族命人为自己的情人绘制肖像画，如《加布里埃尔·埃斯特雷和她的姐妹》，画中的女子据传是法国国王亨利四世最为宠爱的情妇。

　　此外，还有许多夫妇肖像画和家庭成员肖像画。在一些祭坛画或宗教画中，肖像人物与《圣经》中的圣徒们一同出现，从中可以看到这些画作订购人的心愿——与"神"同在，并得到"神"的救赎。

　　文艺复兴时期还出现了艺术家的自画像。画家们一开始只是很低调地作为画中的一个人物出现，但很快便诞生了独立的画家自画像。曾在意大利游历过，自我意识很强的德国画家丢勒，在其绘画生涯中就描绘了多幅独立的自画像，也是最早创作独立自画像的画家。

自画像诞生于画家作为艺术家的自我意识

多纳泰罗
《加塔梅拉塔骑马像》
1447—1453年
圣安东尼广场（帕多瓦）

肖像

有优雅的女性肖像，体现地位和权威的男性肖像，以及男女皆有的夫妇二人肖像。从画中人物的手势、小道具等容貌之外的种种元素，我们可以读出人物的性格与其背后的故事。

永恒的侧脸与传情达意的"四分之三正脸"

文艺复兴时期，人的个性与尊严逐渐觉醒，出现了众多肖像画作品。

最初的肖像以雕刻在金币上的古罗马皇帝侧面肖像为主流，这种隐藏了人物表情的侧面肖像给人一种永恒不变的感觉。基尔兰达约和波提切利的女性肖像正是因为这种端庄的侧面像而令人印象深刻。

到了 15 世纪末，在佛兰德斯画派的影响下，意大利也出现了四分之三正面肖像。这种形式的肖像画能清楚地展现出人物的个性和表情，于是成为了肖像画的主流形式。

将佛兰德斯画派的写实肖像画引入意大利的绘画大师安托内洛·德·梅西纳，确立了一种详细描绘细节与空间的肖像画形式。在威尼斯，这种绘画形式被乔凡尼·贝利尼等画家继承并发展起来。

背景和手等细节中也见功夫

肖像画有的以自然风景为背景，如《蒙娜·丽莎》，自然风景将画中人物衬托得十分清晰。列奥纳多·达·芬奇还有一幅作品叫作《抱银鼠的女子》，画中人物将脸转向肩膀一侧的独特姿态也很有想法。

此外，在《最后的晚餐》这幅作品中，达·芬奇为了充分展现画面中的故事性，详细研究了各种手部的姿势。他的肖像画不仅在脸的刻画上，在手的刻画上也花了很多心思。

将达·芬奇的肖像画钻研、应用到极致的，当属拉斐尔。

女性肖像

鉴赏画作的时候，不仅要看面部表情，也要留意背景、人物的手势和身体姿态等细节。

女性肖像画的定型

列奥纳多·达·芬奇《蒙娜·丽莎》

1503—1506 年 木板油彩 77 厘米 ×53 厘米
卢浮宫美术馆（巴黎）

　　这幅达·芬奇直到临终前都放在手边的名作，画中的人物据传是佛罗伦萨的乔孔多夫人。她面部和手部的肌肤运用了达·芬奇首创的渲染（像烟雾一样朦胧并分出层次）技法，而背景则是凝结了达·芬奇的自然观的神秘风景。这种展现四分之三正脸和握在一起的双手的肖像姿势对拉斐尔产生了很大的影响，并通过拉斐尔成为女性肖像画的固定形态之一。

达·芬奇首创的"侧肩肖像"也很流行

列奥纳多·达·芬奇《抱银鼠的女子》

约 1490 年 木板油彩 54.8 厘米 ×40.3 厘米
恰尔托雷斯基博物馆（克拉科夫）

　　与《蒙娜·丽莎》的背景不同，这幅画中的女子衬托在一片漆黑的背景中。据传她是米兰公爵伊尔·莫罗的宠妾切奇利娅·加莱拉尼。这种将脸转向一侧肩膀的"侧肩肖像"为达·芬奇首创，1500 年前后，威尼斯画家乔尔乔内将这种肖像姿态普及开来。

从 侧 脸 到 四分之三正脸

多梅尼哥·基尔兰达约
《乔万娜·托纳波尼肖像》
1488 年　木板蛋彩
77 厘米 ×49 厘米
提森 – 博内米萨美术馆（马德里）

　　画面中以端庄的侧脸示人的是画家的主顾—佛罗伦萨富商托纳波尼的妻子乔万娜。在画家于佛罗伦萨新圣母大殿托纳波尼礼拜堂中创作的壁画《圣母往见图》中，也出现了这位女子的形象。

出现在多幅画作中却不幸早逝的模特

桑德罗·波提切利
《西蒙内塔·韦斯普奇肖像》
约 1480—1485 年　木板蛋彩　65 厘米 ×44 厘米
丸红株式会社（东京）

　　她是朱利亚诺·德·美第奇的情妇，不过这位以美貌闻名的女子 22 岁时便红颜早逝，留下了很多以她为模特的画作。左边的这幅作品现藏于日本，十分珍贵。

隐藏表情与个性的端庄侧面肖像与彰显表情和个性的四分之三正面肖像，体会它们带来的不同感受，也是挺有趣的。

拉斐尔的代表作之一

拉斐尔 · 桑西
《冬娜 · 维拉塔（披纱巾的少女）》
约 1515 年 木板油彩 85 厘米 ×64 厘米
皮蒂宫（佛罗伦萨）

　　画中的女模特据传是拉斐尔的情人芙纳蕾娜，也有人说她是比比耶纳的一个早夭的侄女马丽亚。不论怎样，这幅女性肖像以其无与伦比的优雅博得了很高的赞誉。

被称为《北方的蒙娜 · 丽莎》的神秘肖像

佩特鲁斯 · 克里斯图斯
《少女肖像》
约 1470 年前后 木板蛋彩、油彩
29 厘米 ×22.5 厘米 柏林画廊（柏林）

　　没有人知道这个谜一般的少女到底是谁，但她被称为"北方的蒙娜 · 丽莎"。她冷冷的表情和视线令人一见难忘。

夫妇肖像

每个小道具都充满隐喻

扬·凡·艾克
《阿尔诺芬尼夫妇像》
1434 年 木板油彩
82 厘米 ×59.5 厘米
伦敦国家画廊（伦敦）

画面下方的小狗象征着妻子的贞洁，一旁脱掉的凉鞋象征对"神"的虔敬，窗边的水果象征着罪恶，枝形吊灯上仅剩的一根燃烧的蜡烛则代表基督。

文艺复兴时期还出现了表现夫妻二人的双人肖像画。扬·凡·艾克这幅著名的《阿尔诺芬尼夫妇像》，不仅是夫妇二人的结婚纪念，同时也起到了结婚证书的作用。画作背景中挂着一面镜子，画家本人作为证婚人，将自己的形象画在了镜子里。房间里所有的细节都被清楚地描绘出来，画作的主题意义鲜明，就是证明二人的婚姻，表现夫妇的美德与神的庇佑。近年来还有一种比较有力的说法，认为画中的情景并不是结婚仪式，而是订婚仪式。

画家作为证婚人也要露脸

挂在中央的圆形镜子，镜框上雕刻着一圈基督受难的装饰。镜中映照出见证了这场婚姻的画家本人的身影。镜子上方还可以看到画家的署名和年份。

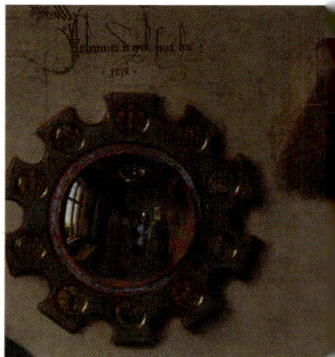

皮耶罗·德拉·弗朗切斯卡这幅双联画，是乌尔比诺公爵夫妇的侧面肖像。背景中广阔而平缓的丘陵是马尔凯地区的田园风光，画家用连续的背景将两幅画合二为一，也暗示了乌尔比诺公爵统治下的广阔领地。

背景中对田园风光的细致描绘也是看点

皮耶罗·德拉·弗朗切斯卡《费德里科·德·蒙特菲尔特罗夫妇》

约 1474—1475 年 木板油彩 各 47 厘米 ×33 厘米 乌菲齐美术馆（佛罗伦萨）

这是画家应邀为乌尔比诺公爵费德里科·德·蒙特菲尔特罗和他的妻子巴蒂斯塔·斯福尔扎所绘制的双联肖像画。由于是妻子去世后所画，所以画中的女主人公略显缺乏生气。但乌尔比诺公爵的侧面像却体现出了丰富的个性特点，他的面部被描绘在一个几何学般坚固而规整的框架内。从背景的田园风光中，可以看出是从佛兰德斯画家那里学来的精细的描绘手法。

肖像画中植入了主人公的人生

洛伦佐·洛托《夫妇肖像》

1523—1524 年 画布油彩 96 厘米 ×116 厘米
冬宫博物馆（圣彼得堡）

这幅画同样是妻子过世后丈夫请人来画的肖像画。窗外可以看见代表人生逆境的暴风雨，夫妻二人之间睡着一只松鼠——据说松鼠可以在暴风雨中安然入睡。丈夫手中拿着一张纸片，上面写着"世间不存在的人"。画面表现了这位丈夫由于妻子先自己而去，难以从悲痛中重新振作起来的模样。洛托的肖像画常常如此，将主人公的人生境遇巧妙地植入画面中。

男性肖像

男性肖像起源于古代雕像。中世纪时，人们会在棺材上描绘仰卧的人像，也会给教堂捐赠画作或者浮雕作为自己的墓碑，大多是主人公向圣徒或圣母子跪拜的姿态。扬·凡·艾克的名作——《宰相罗林的圣母》便是一例。

男性肖像主要着眼于表现人物的地位和权威，所以会在华丽的服装、盔甲，或者手里拿的小物件等细节上费一番心思。提香是神圣罗马皇帝查理五世的宫廷画家，很擅长给权势阶层创作那种威风凛凛、仪表堂堂的肖像画，深受各国王公贵族的追捧。他模仿古代帝王像，用骑马像来表现查理五世战场上的雄姿，从此以后，西方君主的骑马像便流行起来。

即便是在卢浮宫，也可被称为无上之宝的名画

扬·凡·艾克
《宰相罗林的圣母》
约 1435 年 木板油彩
66 厘米 ×62 厘米
卢浮宫美术馆（巴黎）

这是勃艮第公国宰相尼古拉·洛兰为自己的陵墓订购的画作。主人公洛兰在圣母子面前祈祷，窗外是一片广阔的风景，可以看到河流和桥梁。风景中还鲜活地展现了当时的风土人情，仔细观察画面细节让人感到乐趣无穷。据说背景中画出的人物就有 1000 人以上。这幅画即使是在卢浮宫这种名画的殿堂中，也是数一数二的杰作。

威风凛凛的纪念战争胜利骑马像

提香 · 韦切利奥
《查理五世骑马像》

1548 年 画布油彩
332 厘米 ×279 厘米
普拉多美术馆（马德里）

　　画面展现出了在漫天晚霞中出征的神圣罗马皇帝的英姿。1547 年的穆尔堡战役中，查理五世打败新教军队，为纪念胜利，提香在奥格斯堡画下了这幅作品。提香将文艺复兴时期被多纳泰罗和韦罗基奥等人重新发扬光大的骑马铜像，绘成了大幅的油画作品。

肖像画中出现的事物不仅表现了主人公的地位和权威，也暗示了人物的性格和命运。

从梅西纳那里学来的逼真画法

乔凡尼 · 贝利尼《总督列奥纳多 · 洛雷丹肖像》

约 1501 年 木板油彩 61.5 厘米 ×45 厘米
伦敦国家画廊（伦敦）

　　这是威尼斯的最高当权者总督（元首）的肖像。洛雷丹是一个外交手腕非常高明但性格温厚朴实的人。凭借从安托内洛 · 梅西纳那里学来的逼真细致的绘画手法，这幅作品成为了贝利尼所有肖像画中的翘楚之作。

著名肖像画家霍尔拜因的代表作

小汉斯·霍尔拜因《大使们》

1533 年 木板油彩 207 厘米 ×209 厘米
伦敦国家画廊（伦敦）

　　这是德国画家小霍尔拜因在英国绘制的双人肖像画，左边是法国驻英大使让·德·丁特维尔，右边是主教乔治·德·塞尔夫。两人之间的架子上画着天体模型、计时器、乐器和图书等，体现了二人的学识与修养。画面下方倾斜的物体，是一个代表了死亡的骷髅头扭曲像。

扬·凡·艾克的自画像？

扬·凡·艾克《包着红头巾的男子》

1433 年 木板油彩 25.8 厘米 ×18.9 厘米
伦敦国家画廊（伦敦）

　　画中人物头上包着头巾，上了年纪，据说是画家的自画像，但难以分辨真假。不过，这幅画运用的逼真而细致的描绘手法，的确是扬·凡·艾克的独家本领。

从画中看到人的一生

洛托的肖像画，是通过小道具来暗示主人公人生与性格的典型代表。这幅画的主人公是一位若有所思的青年男子，在性格古怪的画家洛托的作品中，这一幅格外令人难忘。

小道具诉说着主人公的人生

洛伦佐·洛托《青年肖像》

约 1527 年　画布油彩　98 厘米 ×116 厘米　威尼斯美术学院美术馆（威尼斯）

画面左后方可以看到狩猎时使用的哨子和一把琵琶，右上方挂着一只死鸟。手边的桌子上散落着玫瑰花瓣、拆封的信件和戒指，还有一只蜥蜴。有人说这个年轻人手里拿的是生意人用的账簿，散落的花瓣代表着恋情终结，而蜥蜴是冷血动物，暗指对爱情漠不关心。也就是说，这个年轻人已经不再沉迷于狩猎、音乐和情场寻欢，决定浪子回头，专心于家业。于是，欣喜若狂的父亲特意订购了这幅画以作纪念。

自画像

文艺复兴时期，艺术家萌生出了自己才是创造者的意识。从在群像中夹杂创作自画像，到把自己当作造物主、体现强烈的自我意识的自画像纷纷登场。

创造者的自我意识

文艺复兴时期，艺术家作为创造者而不是工匠的意识开始萌芽。他们开始给作品署名，并在作品中展示出自己的形象。说到自画像，一开始画家只是把自己当作一个见证人，在大画面群像中混入自己的画像。不久后，独立的自画像也诞生了。安托内洛·德·梅西纳的《男子肖像》，与扬·凡·艾克的《包着红头巾的男子》（P86）一样，一直以来都被认为是画家的自画像，画中的男子望向观者的目光充满了生命力。

德国文艺复兴巨匠丢勒，是经常给自己画像的第一人。他十三岁时给自己画的素描至今还留存于世。他在意大利游历时发现，在这里，画家像知识分子一般受到人们的尊敬，于是大受刺激，带着强烈的自我意识反复多次画下了自画像。特别是 1498 年那幅有着窗外风景的自画像（普拉多美术馆），以及 1500 年那幅将自己比喻为基督的自画像。后者强调了画家便是造物主的立场，从中可以看出艺术家强烈的自我意识与内心的骄傲。从这一点可以看出，丢勒已经是一位近代画家了。

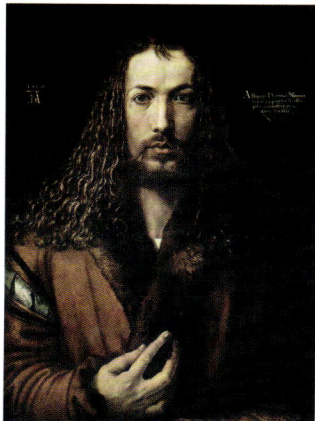

从作为创造者的自我意识中诞生的自画像
阿尔布雷特·丢勒《自画像》
1500 年 木板油彩 67 厘米 ×49 厘米
新绘画陈列馆（慕尼黑）

将自己比作基督的这幅作品，是丢勒自画像的巅峰之作。但这种形象上的模仿并不是不敬，而是表达了自己虔诚的信仰之心。

安托内洛·德·梅西纳
《男子肖像（自画像）》

约 1475 年 木板油彩 35.6 厘米 ×25.5 厘米
伦敦国家画廊（伦敦）

　　画面中望向观者的视线格外引人注目，正因为如此，这幅画很长时间以来都被认为是画家的自画像，但没有得到确切的证实。安托内洛是将佛兰德斯写实肖像画成功移植到意大利的画坛巨匠。这种写实肖像绘画技法在威尼斯及其附近地区产生了极大的影响。

摄人心魄的 凝视

　　风格主义画家帕米贾尼诺生于帕尔马，他继承了科雷乔和拉斐尔的优美画风。这幅自画像的作品背后，呈现出一种钟情于扭曲感的风格主义美学。

源自风格主义美学的
扭曲自画像

帕米贾尼诺
《凸面镜自画像》

1524 年 木板油彩
直径 24.4 厘米
维也纳艺术史博物馆（维也纳）

　　画家将木头削成与凸面镜相同的半球形状，再画上凸面镜中映出的自己的身姿。这幅作品是他前往罗马时随身携带，做自我介绍用的，结果博得了一片盛赞。

画中的 **自画像**

贝诺佐·戈佐利《麦琪的礼拜》（部分）
1459—1461 年 壁画、蛋彩
美第奇宫麦琪礼拜堂（佛罗伦萨）

　　美第奇宫是美第奇家族的宅邸，戈佐利在美第奇宫麦琪礼拜堂中绘制的壁画是一幅包含了众多人物肖像的华丽宫廷画卷。画卷中除了国父老科西莫·德·美第奇（科西莫·伊尔·韦吉奥）、第二代皮耶罗·德·美第奇、年轻的洛伦佐和朱利亚诺等主角之外，还有许多在宫廷中侍奉的人，以及画家自己。画家戴着一顶写着名字的红帽子，目光望向观者。这种把自己混入画面中的自画像，在文艺复兴以后非常盛行。

> 　　画家在主顾或者订购人的群像中加入自画像，也是在暗示自己在世俗社会中的能力和地位。

小知识

艺术的庇护者——美第奇家族

　　美第奇家族在 14 世纪时是佛罗伦萨的银行家和巨富，在科西莫、皮耶罗、洛伦佐的时代迎来全盛时期，对佛罗伦萨共和国的经济和文化两方面都起到了主导作用。此外，作为学识丰富的艺术爱好者，美第奇家族也是波提切利、列奥纳多·达·芬奇、米开朗琪罗等艺术家和人文主义者的赞助人。

　　文艺复兴得以在佛罗伦萨开花结果，美第奇家族可以说起到了重要的推动作用。

假托《圣经》故事，在群像中加入自画像

桑德罗·波提切利《麦琪的礼拜》（部分）

约 1475 年 木板蛋彩 乌菲齐美术馆（佛罗伦萨）

　　围绕在圣母子周围的，是这幅画的订购人——佛罗伦萨的银行家加斯帕雷·德鲁·拉马，以及美第奇家族的相关人等。触碰婴儿基督的是科西莫·伊尔·韦吉奥，画面中央身穿红衣跪在地上的是皮耶罗，站在画面右侧望向观者的便是画家自己。

藏着三大巨匠肖像的群像大戏

拉斐尔·桑西《雅典学院》（部分）

1509—1510 年 壁画 梵蒂冈宫签字厅（梵蒂冈城）

　　在汇集了众多哲学家的殿堂右侧，有一个人表情沉静地望向观者，这便是拉斐尔的自画像。在他旁边面带微笑的，是他的好友画家索多玛。在拉斐尔主持完成的房间（Stanze）壁画（P70）中，索多玛先于拉斐尔进行了一部分绘制工作。

巨匠名作
提香 《圣母升天》

跨越绘画类型，展现卓越才华

　　威尼斯画派最杰出的画坛巨匠提香·韦切利奥（1488/1490—1576年）生于阿尔卑斯山麓的皮耶维·迪·卡多雷，他很早便来到威尼斯，在贝利尼的画室学习。

　　他在贝利尼的画室结识了乔尔乔内并成为他的助手，但乔尔乔内于1510年早逝，据说是提香帮他完成了当时留下的两幅遗作——《田园合奏》和《沉睡的维纳斯》（P63）。提香从这位前辈那里继承了边界模糊的轮廓、柔和的明暗表现、温暖的色调以及牧歌般的风景描绘手法，并将这些技法进一步发扬光大。在他笔下，自由开阔的笔法、丰富饱满的色彩、跃动的人体表现，在所有的绘画类型中都得到了继承，并展现了他卓越的才华。

　　在肖像画中，提香不单追求神似，而且开创了一种彰显主人公社会地位和权力的肖像画形式，受到当时王公贵族的追捧。此外，他在《乌尔比诺的维纳斯》（P64）、《达娜厄》（P67）中展示出的给人强烈感官冲击的裸体，又以"横卧的裸女"这一经典姿态成为后世西方绘画的典范，被世人竞相模仿。

名声传播到欧洲各地

　　提香漫长的画家生涯几乎都是在威尼斯共和国以官方画家的身份度过的，但他的名字传遍了欧洲大陆。1530年，他得到了当时欧洲最高权力者——神圣罗马皇帝查理五世的庇护，此后为查理五世和他的儿子——西班牙国王菲利普二世绘制了众多的肖像画作品。

　　后来，提香经营了一个大规模的画室。他晚年的作品笔调变得愈发激情奔放，试图突破油彩画的极限，这也成为后来印象派和表现主义的一种铺垫。提香以他丰富多彩的才华与取之不尽的想象力，被人们称为"画家王子"。

威尼斯画派最杰出大师的成名之作

1516—1518 年 木板油彩
690 厘米 ×360 厘米
荣耀圣母教堂（威尼斯）

圣母升天

这是方济各会的教堂——荣耀圣母教堂主祭坛的装饰画，是一幅近7米高的超大作品。这也是提香在28岁首次亮相便一战成名的大作。

圣母马利亚被天使簇拥着升上天空，而耶稣的门徒们在惊叹与欢呼中目送她向上帝飞升而去。画面中门徒的肢体动作幅度很大，明暗对比强烈，在一片光明灿烂中用喜悦的表情望向天空。这样营造出的圣母上升感，使画面具有极强的动态和戏剧效果，加上以红色和金色为基调的丰富色彩，让观者不由得恍惚起来，仿佛置身其中。

正是这幅大作，让提香不但成为威尼斯最杰出的画家，也成为了能与拉斐尔和米开朗琪罗等同时代活跃于罗马的大师比肩的画坛巨匠。

作为西方首屈一指的绘画大师，提香留下了数量庞大的杰出画作。他活到了将近90岁高龄，最后被安葬在这幅《圣母升天》所在的方济各会荣耀圣母教堂。

关键词

威尼斯画派

威尼斯在意大利是与佛罗伦萨、罗马并列的文艺复兴中心。威尼斯画派在15—16世纪迎来繁荣时期，鲜艳的色彩和抒情的表达方式是威尼斯画派的特色。贝利尼家族、乔尔乔内、提香、委罗内塞、丁托列托等画家是其中的代表人物。到了18世纪，威尼斯画派又诞生了提埃波罗和卡纳莱托等杰出代表。

精通所有学问和技艺的"万能天才"

列奥纳多·达·芬奇

大胆的模糊轮廓线

出生于佛罗伦萨郊外一个小村庄的列奥纳多·达·芬奇，少年时代便投师在当时佛罗伦萨的画家兼雕刻家韦罗基奥门下，早早便展露出过人的才华。30 岁时他搬到了米兰，在米兰大公斯福尔扎那里担任军事技术顾问和建筑师，晚年受当时的法国国王弗朗索瓦一世之邀，在法国一直工作到逝世。

《最后的晚餐》(P5) 是他在米兰留下的最大的一幅作品，也是唯一一幅壁画。在他创作这幅画之前大约 10 年，同样是在米兰，他还画过一幅叫作《岩间圣母》的画。在这幅作品中，圣母子置身于一个黑暗的山洞中，然而达·芬奇并没有通过强烈的明暗对比，使圣母和婴儿基督从背景中清晰地浮现出来，而是运用柔和的人物轮廓线，让他们融入了周围的黑暗之中。

这种模糊轮廓、使人物融入背景的绘画技法——层次渲染(Sfumato) 正是达·芬奇开创的。在那幅著名的《蒙娜·丽莎》(P79) 中，从脸和手的部分便能看出他这种层次渲染的手法，身后的风景也像覆上了一层轻纱，朦朦胧胧。

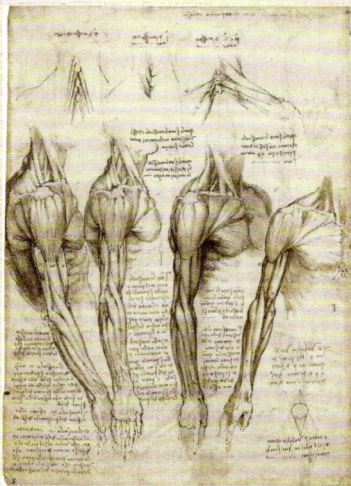

未完成作品占一大半的拖稿狂人

被称为万能天才的达·芬奇不只精于绘画，还精通建筑学、解剖学等很多方面的知识。为了记录这些研究成果，他在 40 年间留下了数量庞大的手稿。但是，由于他一直在多个领域同时开展工作，所以总是拖拖拉拉，很多作品未能完成便被搁置了。据说达·芬奇现存于世的完整作品只有十余件。

《解剖手稿》中的"颈、肩、臂的肌肉解剖图"
1510—1511 年
纸上黑粉笔、尖头笔、钢笔、红粉笔等
28.8 厘米 ×20.2 厘米
温莎城堡皇家图书馆（伦敦）

第 5 章

风俗与生活

文化都市的中心

中世纪时期的文化中心是在远离市井的修道院。后来，一些比较发达的城市渐渐成为文化的舞台。中世纪的城市建造城墙、实行自治，要消费周边的农村地区出产的粮食和作物，而农村的物产要拿到城里去交换，所以市场很发达。

这种城市风景也出现在了美术作品中。锡耶纳市政厅中有一幅壁画叫作《善政寓言》（又名：《好政府和坏政府的寓言》），由画家安布罗吉奥·洛伦泽蒂绘制。画面中生动地表现出了锡耶纳这座城市的繁荣景象。这幅壁画也成为了文艺复兴时期风景画的先驱之作。

中世纪时期，绘画作品的订单主要来自教会和修道院，渐渐地，贵族和富裕商人取而代之，成为艺术品的大主顾。宫廷则成为艺术家们的新舞台。

意大利有众多繁荣的城邦国家，这些城邦国家的君主竞相为艺术家们提供庇护，请他们装饰自己的宫殿。于是，这些艺术家得以接触到宫廷收藏，并从宫廷学者和文人那里学到了与古代文化相关的知识。

美第奇家族统治下的佛罗伦萨、贡扎加家族统治下的曼托瓦、埃斯特家族统治下的费拉拉、蒙特菲尔特罗家族统治下的乌尔比诺，以及在以元首为中心的贵族寡头制度下安定繁荣的威尼斯，这些城市都成为文艺复兴重要的传播中心。

此外，在罗马教廷，也出现了如西克斯图斯四世、尤利乌斯二世等醉心于文化艺术的教皇。他们一方面收集古代文化财产，一方面为艺术家提供了很多的创作机会。

先是产生了描绘城市风景的作品，后来人们对自然的关切又促进了风景描绘技法的发展，于是风景画便诞生了。

弗朗切斯科·德尔·科萨
《斯齐法诺亚宫殿壁画"四月"》
1469—1470 年
斯齐法诺亚宫（费拉拉）

风景画的形成

在艺术品中展现自然风景，这在古罗马时代便已有之。但到了中世纪，人们并不重视自然，对风景的描绘一度中断。中世纪后期，在圣方济各和诗人佩托拉卢卡不断的赞颂和吟咏之下，人们对自然之美的感受也渐渐复苏。最初风景描绘只是作为宗教画的背景出现，后来在佛兰德斯地区得到了快速的发展，到 16 世纪，德国画家阿尔特多费尔开始创作单独的风景画。

在意大利，威尼斯人十分憧憬阿卡迪亚式的田园生活[1]，于是乔尔乔内等画家也开始描绘那种田园牧歌式的风景画。

扬·凡·艾克
《宰相洛兰的圣母》（风景部分）
约 1435 年 卢浮宫美术馆（巴黎）

安布罗吉奥·洛伦泽蒂
《善政寓言》
1338—1340 年 锡耶纳市政厅宫

---

[1] 阿卡迪亚：古希腊地名。因为与世隔绝而过着牧歌式生活，所以古希腊和古罗马的田园诗将其描绘成世外桃源——译注。

都市与农村的情景

文艺复兴时期诞生了记录当时人们生活的绘画。从这些以城市、农村、宫廷、市场为舞台的作品中，一窥当时人们生动鲜活的生活与风俗，实在是非常有趣。

🎺 都市风俗画的起源

中世纪以来，发达的都市作为文化中心，对文艺复兴起到了重要的作用。这一点也体现在了各种绘画作品中。其中最早的例子便是锡耶纳画派的安布罗吉奥·洛伦泽蒂创作的锡耶纳市政厅壁画《善政寓言》（P96）。在都市风俗画这一领域，整个欧洲没有任何一幅作品能与之相匹敌。在城邦国家威尼斯，一些宗教主题的绘画中，也常以威尼斯的城市实景为背景。詹蒂莱·贝利尼和卡拉瓦乔是其中的代表人物。

此外，画家在描绘《圣经》故事时，也常常将场景放在当下的时代，这成为风俗画的起源。"花街柳巷的浪荡子"这种人见人爱的主题，就是以当时真实的都市小酒馆为背景来描绘的。

画面重现了威尼斯昔日的繁忙景象，运河浓绿的色调与现在几乎别无二致。右下角跪着的几个人物分别是画家詹蒂莱的父亲雅各布、姐夫曼特尼亚、詹蒂莱自己，以及他的弟弟乔凡尼·贝利尼。

传递着威尼斯昔日的繁荣盛景

詹蒂莱·贝利尼《十字架的奇迹》

1500 年 木板蛋彩 323 厘米 ×430 厘米
学院美术馆（威尼斯）

这幅画描绘了人们将十字架运回圣洛伦佐教堂的途中，不小心将十字架掉进了运河里，兄弟会[1]会长安德烈·温特拉敏跳入河中打捞起十字架的情景。

---

[1] 兄弟会：13 世纪出现在威尼斯的一种平民宗教互助组织。到 15 世纪时很多富有的工商业者加入兄弟会，使兄弟会组织成为有力的艺术赞助人。温特拉敏家族便是福音圣约翰兄弟会成员。——译注

都市风俗画

画中透露出商人的生活与信仰

昆汀·马修斯
《借贷银钱的人与他的妻子》

1514年 木板油彩 71厘米×68厘米
卢浮宫美术馆（巴黎）

　　16世纪佛兰德斯画派最伟大的画家马修斯，不但留下了祭坛画中的杰作，在肖像画方面也颇有建树。这幅描绘高利贷商人夫妇的作品与其说是风俗画，实际上更有可能是这个商人和妻子的肖像画。妻子手中翻动的书页上画着圣母子，桌上放的凸面镜中映出屋外的街道，还能看到教堂的钟塔，这些都表现出了这对夫妇虔诚的信仰。

假托《圣经》描绘市井风俗

简·范·海森《浪荡子》

1536年 木板油彩 140厘米×198厘米 比利时皇家美术馆（布鲁塞尔）

　　《圣经·新约》有一则寓言，说的是一个浪荡子将父亲给他的大笔钱财挥霍一空，后来幡然悔悟回到父亲身边的故事。在美术作品中，比起浪子回头的场面，大家更喜欢那种表现沉迷酒色、散尽家财的所谓"花街柳巷的浪荡子"的情节。这种主题的绘画可以说是纯粹的风俗画了。背景中是与这个浪荡子有关的一系列场景。

有些绘画虽然以《圣经》或者历史故事为主题，但从中能够窥探到当时社会的风俗文化，所以魅力十足。

关键词 **锡耶纳画派**　　从中世纪末期到文艺复兴时期，在意大利中部城市锡耶纳发展繁荣起来的画派。其特色是抒情的表达和优美的装饰线条。锡耶纳画派的开创者是杜乔，代表画家有西蒙·马尔蒂尼、洛伦泽蒂兄弟等。

宫廷与宴会

无论什么时代，教会与宫廷都是艺术品的两大主顾。中世纪美术主要的舞台是教堂，与此相对，到了文艺复兴时期，宫廷则成为美术作品的主要舞台。

佛罗伦萨的美第奇家族、乌尔比诺的蒙特菲尔特罗家族、曼托瓦的贡扎加家族，在这些以英明著称的君主宫廷中，汇集了当时各国的学者、文人和艺术家，高水平的学术和精致优雅的艺术作品让宫廷文化开出了绚烂的花朵。在罗马，历代教皇作为文化的赞助人，也起到了很大的推动作用。

画家曼特尼亚在曼托瓦总督宫创作的壁画十分有名，画面以贡扎加家族的两大人物路多维科、费德里科为中心，直到今天还在向人们传递着昔日贡扎加宫廷的繁荣盛景。

依然传递着宫廷的繁盛

安德烈亚·曼特尼亚《贡扎加的宫廷》（部分）
1465—1474 年 壁画 蛋彩 总督宫婚礼堂（曼托瓦）

曼特尼亚装饰的曼托瓦总督宫婚礼堂北墙上，描绘着正在听取秘书报告的曼托瓦侯爵路多维科三世与宫廷中的众多其他人物。这个房间的天花板上的画非常有名，上面画着蓝天白云，有女人和天使从空中向屋内张望（文前 P7 ）。

名为《圣经》场景，实为贵族飨宴

保罗·委罗内塞
《迦拿的婚礼》

1562—1563 年 画布油彩
666 厘米 ×990 厘米
卢浮宫美术馆（巴黎）

　　《迦拿的婚礼》以《圣经》中基督将水变成酒这一幕为题材，描绘了当时威尼斯贵族奢华的宴会情景。画面正前方弹奏乐器的人物中，有画家的老师提香，以及委罗内塞自己。

　　有海洋共和国之称的威尼斯并没有真正的君主，一些实力雄厚的贵族通过海运贸易发了大财，成为文化艺术的大主顾。他们频频举办盛大的宴会。16 世纪的威尼斯画家委罗内塞，通过《迦拿的婚礼》《最后的晚餐》《西蒙家的盛宴》等宗教题材的画作，描绘出了当时贵族们的豪华宴会。这些画作都有着鲜亮的色彩和生动的人物，向人们传递着威尼斯昔日的繁荣。

因过于世俗化而被问责的争议之作

保罗·委罗内塞
《利未家的盛宴》

1573 年 画布油彩 555 厘米 ×1305 厘米
学院美术馆（威尼斯）

　　这幅画原本描绘的是《最后的晚餐》，但委罗内塞因此被宗教裁判所传唤并问责，最后只好将这幅杰作的主题改为"利未家的盛宴"。画家被问责的原因是画面中出现了很多与《圣经》无关的世俗元素，如士兵、醉汉、鹦鹉和猿猴等。这个盛大的画面与当时威尼斯贵族们举办的大型宴会别无二致。

关键词 错觉画（Tromp Reuil） 利用远近法、明暗法等技巧，把虚拟的事物当作真实存在的事物一样进行写实描绘的绘画。常见于静物画和壁画中。

市场的情景

　　欧洲的城市一般筑有城墙，农村地区则像甜甜圈一般围绕着城市，并向四周辐射开来。农村丰富的物产支撑着城市的运转，农民们拉着自己的农作物进城，有的一路上边走边卖，有的拉到城里摆摊。画家洛伦佐·洛托在贝加莫郊外特雷斯科雷的苏亚迪别墅礼拜堂创作的《圣巴巴拉传》中，就生动地描绘了16世纪初的市场情景，所以异常珍贵。

　　随着北方文艺复兴时期写实绘画技法的发展，现实中的场景开始出现在宗教画的背景中，到16世纪中叶，风俗画终于出现了。与勃鲁盖尔同时代的画家彼得·阿尔岑，画过很多关于厨房和市场的场景。这种风俗画还传播到了意大利北部，文森佐·坎皮受其影响也创作了一些风俗画。

宗教主题撤退到背景中

彼得·阿尔岑《基督与荡妇》
1559年 木板油彩 122厘米×177厘米
法兰克福市立美术馆（法兰克福）

　　阿尔岑创造了一种把宗教主题尽量缩小并放在背景中的风俗画。在这幅作品中，画面正前方的市场场景很大，而画作的背景则是《圣经》中的一个场面。

　　市场与人们的生活密切相关。描绘市场的风俗画向我们传递着当时人们鲜活的生活画面。

原汁原味的社会风貌

洛伦佐·洛托《圣巴巴拉传》（部分）

1524 年 蛋彩 苏亚迪别墅礼拜堂（特雷斯科雷）

从这幅描绘圣巴巴拉殉教的长篇故事的壁画作品中，可以看到很多有趣的社会风貌。把蔬菜摆在地上叫卖的农民形象，应该就是当时当地的真实场景。

意大利风俗画的先驱

文森佐·坎皮
《卖蔬果》

约 1585 年 画布油彩
145 厘米 ×215 厘米
普雷拉美术馆（米兰）

在克雷莫纳的一众画家中，文森佐·坎皮最早在意大利尝试佛兰德斯流行的风俗画。这幅作品是四大元素（地水气火）组图中的一幅，表现了代表大地的农作物与贩卖这些农作物的女人。

农村的情景

　　农村的场景最早见于中世纪后期的月历画中，以《贝里公爵的豪华时祷书》为代表。书中记载了每个月的祈祷词，并描绘了与各个月份相应的农田劳作场景。这种表现方式后来发展成勃鲁盖尔的连环月历画。

在描绘农村与农民耕作生活的作品中，最有名的就是勃鲁盖尔的连环月历画。不过这类作品的先驱应该说是画家林堡兄弟。

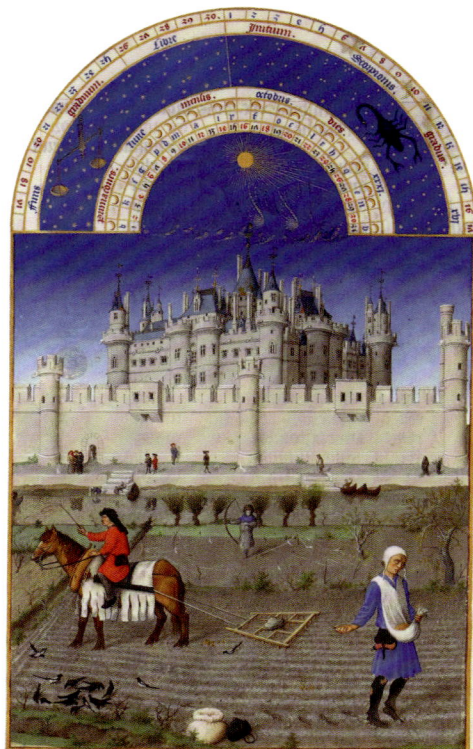

勃鲁盖尔月历画的先驱

林堡兄弟

《贝里公爵的豪华时祷书》之 10 月"播种"

约 1413—1416 年　上等羊皮纸和油彩

29 厘米 ×21 厘米

孔代美术馆（尚蒂依）

　　描绘了 10 月时的播种情景。以当时的巴黎为背景，画中的建筑应是当时的卢浮宫。

寒冬中的农村场景

林堡兄弟

**《贝里公爵的豪华时祷书》之 2 月
"白雪皑皑的乡村风景"**

约 1413—1416 年　上等羊皮纸和油彩

29 厘米 ×21 厘米　孔代美术馆（尚蒂依）

　　这幅 2 月的月历画描绘了寒冷的冬日乡村白雪皑皑的场景。

专注于日常劳作的老百姓的身影

丁托列托《吗哪的收集》

1577—1578 年 画布油彩
520 厘米 × 550 厘米
圣乔治·马焦雷教堂（威尼斯）

这幅画描绘了犹太人跟着摩西在荒野中忍饥挨饿时，一种叫吗哪的食物从天而降拯救了犹太人的情景。但不同寻常的是，画面中的人们不是争相去捡地上的吗哪，而都是在努力进行自己日常的劳作。在 16 世纪末的威尼斯，巴萨诺的画家们也开始创作风俗画，也许正是受到了丁托列托这幅作品的影响吧。

漂浮在海上的城邦国家威尼斯，16 世纪时开始向内陆城市扩张领土，在内陆修建别墅、经营农地的贵族也多了起来。丰饶的土地、优美的田园风光让人心生向往，于是乔尔乔内等画家也开始用高超的技法来展现美丽的风景（P111）。

丁托列托在《吗哪的收集》中，将平民的各种日常劳作放在了田园背景中。而活跃于威尼斯近郊城市巴萨诺·德尔·格拉帕的一众画家们，也在作品中反复描绘着农民生活和农村的景象。

描绘农民生活的风俗画式宗教画

雅各布·巴萨诺
《诺亚乘船》

约 1592 年 画布油彩
207 厘米 × 265 厘米
普拉多美术馆（马德里）

这幅画描绘了大洪水到来之前，诺亚让动物们登上方舟的情景。雅各布·巴萨诺创作了很多这种风俗画式的宗教画，在当时很受人们喜爱。

战争的情景

描绘战争情景的绘画作品，最有名的当属乌切洛的三联画《圣罗马诺之战》。画面描绘了1432年佛罗伦萨与锡耶纳之间的一场战争场面。8小时的激战之后，佣兵队长尼克罗·德·托伦蒂诺率领的佛罗伦萨军队取得了胜利。三联画的第一幅（上图）中，画面中央的托伦蒂诺身骑白马，与锡耶纳军队正在对战。接下来的画面（下图）是锡耶纳军队首领贝尔纳迪诺·德拉·恰尔达中枪落马的情景。最后一幅画（卢浮宫美术馆藏）描绘了米凯利诺·德·科蒂尼奥拉向佛罗伦萨援军冲去的情景。

童话故事一般的战争绘画

保罗·乌切洛
《圣罗马诺之战》之一
1456年　木板蛋彩　182厘米×317厘米
伦敦国家画廊（伦敦）

马具的纹饰和长枪给画面赋予了节奏感。世人皆知画家乌切洛对远近法颇有研究，虽然地面上散落的长枪和倒地的士兵给画面制造出了纵深感，但远处那些奔跑的士兵从远近法的角度来说却是不准确的。画面整体上缺乏现场感，反而有一种童话般的氛围，并没有传达出战争的悲惨和残酷。

持久战后的情景

保罗·乌切洛
《圣罗马诺之战》之二
1456年　木板蛋彩　182厘米×317厘米
乌菲齐美术馆（佛罗伦萨）

战斗一直持续到了夜晚，身骑白马的敌方将领德拉·恰尔达终于被长矛刺中落马。画面下方还有一些倒地的马匹，掉在地上的长矛朝着同一个方向整齐地排列着。

无数兵马与
波澜壮阔的风景

阿尔布雷希特·阿尔特多费尔
《伊苏斯之战》
1529 年 木板油彩
158.4 厘米 ×120.3 厘米
老绘画陈列馆
（慕尼黑）

这是巴伐利亚公爵威廉四世为了装饰自己米兰的宫殿而订购的画作。这幅画描绘了马其顿的亚历山大大帝与波斯的大流士三世为争夺天下而进行的一场战争。画面上兵马纷乱，想要找到亚历山大大帝并不容易，但画面上方辽阔如茫茫宇宙一般的风景，被画家描绘得极为精彩。

展现战争场景的作品古已有之。比较出名的有庞贝古城出土的马赛克镶嵌画，同样描绘了亚历山大大帝的这场伊苏斯之战。文艺复兴时期的意大利，城邦国家之间纷争不断，一直处于战争状态。而在战争中身肩重任的是这些城邦雇来打仗的佣兵队长，他们作为战争的老手，率领手下的士兵"承包"了战争。像乌尔比诺的费德里科·达·蒙特菲尔特罗和巴托洛梅奥·科莱奥尼那样，从佣兵队长成为一国之主的例子也不在少数。

风景画的诞生

风景画是很受人们喜爱的绘画类别，但让人感到意外的是，风景画的出现其实比较晚，直到文艺复兴时期才真正诞生。也许是被阿尔卑斯山和多瑙河美丽丰饶的自然风光所打动，在德国和荷兰地区的画家们笔下诞生了最早的风景画。

从"世界风景"的流行到勃鲁盖尔

文艺复兴绘画大多数是描绘故事和宗教题材的历史画。在西方美术史上，一般意义上的风景画是后来才出现的，它诞生于16世纪中叶的德国和尼德兰地区。

德国画家丢勒在前往意大利的途中经过了阿尔卑斯山，他将阿尔卑斯山的风景画成了鲜明的水彩画，但并没有用过油彩。阿尔特多费尔则用油彩描绘了多瑙河周边的风景，这是西方艺术史上第一次出现没有人物的纯粹的风景画。

在荷兰，帕蒂尼尔创作的视野宏大的风景画——即"世界风景"画十分流行，在其影响之下，勃鲁盖尔登场了。

清新而感性的风景

阿尔布雷特·丢勒
《茵斯布鲁克》
1494—1495 年 水彩
12.7 厘米 ×18.7 厘米
阿尔贝蒂娜博物馆（维也纳）

1494 年，丢勒从故乡纽伦堡前往威尼斯旅行，一年后返回。他在路上被阿尔卑斯风景深深地打动了。这幅水彩画描绘了从莱茵河北岸眺望的风景，从中可以看到画家细腻的感受力。

西方第一幅没有人的风景画

人与自然本应相互融合，正是这样的文艺复兴精神催生出了风景画。

创作风景画的第一人

阿尔布雷希特·阿尔特多费尔
《多瑙河风景》
1526—1528 年 木板、羊皮纸
油彩 30 厘米 ×20 厘米
老绘画陈列馆（慕尼黑）

　　多瑙河画派活跃于从雷根斯堡到维也纳一带的多瑙河流域，而阿尔特多费尔是多瑙河画派的代表人物。他也是第一位描绘独立风景画的画家。

小知识

丢勒的铜版画

　　丢勒是德国文艺复兴的代表画家之一，他的许多版画作品也非常出名。丢勒凭借系列木版画《约翰默示录》等作品名声大噪，当 15 世纪后半叶出现铜版画（Engraving）之后，他也开始从事铜版画的创作，一生留下了 100 幅左右铜版画作品。他的铜版画品质极高，凭借独创性的主题、复杂而纤细的细节刻画和微妙的阴影表现，被世人奉为杰作。

　　丢勒的版画在欧洲广为流传，一方面是因为作品本身非常出色、极富创造性，另一方面是因为版画这种形式具有很高的流通性。于是，丢勒的版画成为欧洲众多艺术家灵感的源泉，他的大名也因此流传到了国外。在艺术史学家乔尔乔·瓦萨里的著作《艺术家列传》（P116）中，丢勒作为为数不多的外国画家，在书中也占据了一席之地。

关键词 **历史画 / 故事画（Istria）** 是指描绘宗教、文学、历史内容的绘画，出场人物较多，展现出一个故事性的画面。从文艺复兴初期开始便很受重视，直到 19 世纪都被人们置于绘画种类中最高的位置。

"世界风景"的开创者

约·阿希姆·帕蒂尼尔《卡戎的渡船》

1515—1524 年 木板油彩 64 厘米 ×103 厘米 普拉多美术馆（马德里）

　　活跃在安特卫普的帕蒂尼尔，是这种视野宏大的"世界风景"的开创者。传说中三途河（冥河）摆渡人所在的冥界一片沉寂，画面中弥漫着另一个世界的怪异氛围。

辽阔的那不勒斯湾远眺风景

老彼得·勃鲁盖尔《那不勒斯湾的风景》

约 1560—1562 年 画布油彩 40 厘米 ×69.5 厘米 多利亚潘菲利美术馆（罗马）

　　勃鲁盖尔 1552 年前往意大利旅居了两年，其间他曾到访过那不勒斯湾，后来创作了这幅作品。从俯瞰的视角出发来表现辽阔的风景，也是受到了"世界风景"的影响。

对田园生活的向往

住在水城威尼斯的贵族们，对田园牧歌式的生活充满着向往，追求圣纳扎罗的诗歌《阿尔卡迪亚》中歌颂的理想之乡。画家乔尔乔内便描绘出了这种田园牧歌般的风景，他也是这种理想式（古典式）风景画的鼻祖。

理想式风景画鼻祖的杰作

乔尔乔内《暴风雨（Tempesta）》

约 1505 年　画布油彩　82 厘米 ×73 厘米　威尼斯学院美术馆（威尼斯）

　　威尼斯画派的乔尔乔内是田园风景画的开创者，但他的画作绝大多数都没能留存下来。关于这幅作品的主题，有神话、宗教、寓意等各种解读，至今仍然没有定论。但画面中对乌云密布的天空和风景的描绘极为出色，是风景画中的杰作。

勃鲁盖尔画笔下的农民生活

勃鲁盖尔是西方美术史上最早的风景画家，也是最早的风俗画家。他的作品生动地描绘了生活在自然当中的人们的日常生活，在表现人与自然和谐共存这一点上，没有人能比勃鲁盖尔更加出色。

🍊 第一位风俗画家

老彼得·勃鲁盖尔是一位擅长描绘农民和平民生活风景的"农民画家"。

他活跃于比利时安特卫普和布鲁塞尔等地，像当时的很多画家一样，年轻时他前往意大利并在罗马住了一段时间，还曾去过意大利南部和西西里岛等地。旅途中他将阿尔卑斯山雄伟的景色画成了素描，在他日后的风景画中也反映出了当时的这一体验。

🍊 与自然共生、经营生活的可爱人们

在勃鲁盖尔的时代，风景画才刚刚独立成为一个新的绘画种类。但绝大多数情况下，风景描绘还只是作为宗教画和神话作品的背景出现的。在这一时期，其实更为难得的是农民风俗画以大幅的画面出现，并成为一个独立的创作主题。

在这样一个时代，勃鲁盖尔笔下所画的，便不是那种理想的、架空的自然风景，而是贴近人们日常生活的现实中的自然世界，以及生活在自然当中的那些可亲可爱、生机勃勃的人们。

1559 年以后，勃鲁盖尔创作了《尼德兰的寓言》《谢肉祭与四旬斋的斗争》《儿童游戏》等作品，都是从高处俯瞰人间生活的独特寓意画。此外，他还创作了《雪中猎人》《收干草》等连环月历画。在表现人与自然和谐共存这一点上，没有人能比勃鲁盖尔更加出色。他是西方美术史上最早的风景画家，也是最早的风俗画家。

1569 年，老彼得·勃鲁盖尔年仅 40 岁便去世了，并没有留下太多的作品。但与他同名的长子小彼得·勃鲁盖尔和次子扬·勃鲁盖尔，都继承了父亲卓越的想象力，成为优秀的画家。

农民生活的精彩刻画

拟人化的狂欢与节食形成对比

老彼得·勃鲁盖尔《谢肉祭与四旬斋的斗争》
1559 年 木板油彩 118 厘米 ×165 厘米
维也纳艺术史博物馆（维也纳）

　　谢肉祭为期三天，在这三天里人们纵情欢乐，大吃大喝。紧接着是为期四十天的四旬节，在此期间人们却要节食并虔诚祈祷。画面前方偏左有一个骑在酒桶上的肥胖男子，他代表谢肉祭，与他面对面的是一个瘦小的老太太，代表四旬斋。在他们身后画的是各个时期的风俗习惯。左边有人在赌博，酒馆里人声鼎沸，右边有人在做布施，还有人正从教堂中走出来。当时农村生活的欢乐与禁欲，在画面中形成了十分耐人寻味的对照。

关键词

绘画类型

　　在美术史上，人们按照主题将绘画分为历史画、肖像画、风俗画、风景画、静物画等。不同绘画类型的形成和分化是在17世纪，而在美术学院中将这些绘画类型排出了等级，并将历史画放在所有绘画类型之首。

视角转变带来不一样的生活风景

勃鲁盖尔的月历画现如今只剩五幅作品还留存于世。这五幅作品的视角都是从高处向下俯瞰，画面中的人们在广阔的田野和四季变换中，或专注于日常劳作，或与亲朋好友嬉笑欢闹，画家将他们的身姿描绘得活灵活现，栩栩如生。这五幅月历画可以说是勃鲁盖尔艺术生涯的巅峰之作。

> 无论是喧哗还是寂静，都可以通过画面传达出来。

灵感与构图来自意大利的旅行体验

老彼得·勃鲁盖尔
《雪中猎人》
1565 年 木板油彩
117 厘米 ×162 厘米
维也纳艺术史博物馆（维也纳）

这幅作品是月历画中代表 12 月和 1 月的一幅，描绘了寒冬中一无所获的猎人们拖着沉重的脚步走回家的场景。一望无际的雪景有可能来自画家从意大利回国时，途经阿尔卑斯山时看到的景象，而整体构图则借鉴了他在梵蒂冈看到的米开朗琪罗的那幅《大洪水》（P22）。

广阔田野中人在劳作

老彼得·勃鲁盖尔
《收干草》
1565 年 木板油彩
117 厘米 ×162 厘米
布拉格国家美术馆（布拉格）

这幅作品是月历画中描绘初夏（也就是 6 月和 7 月）的一幅。画面以刚刚收完干草的三个姑娘为中心，色彩鲜艳，风景辽阔。

图中的新郎是哪个?

老彼得 · 勃鲁盖尔《农民的婚宴》

1568 年 木板油彩 114 厘米 ×164 厘米
维也纳艺术史博物馆(维也纳)

　　这是一幅生动描绘农民婚宴的名作。画面正中有一块垂下来的绿布,坐在绿布前的女子便是新娘了,但新郎到底是哪个却看不太出来。不过,比较有力的说法是,新郎是那个正在给宾客分发一种叫作"布劳"的节日点心的男子。

　　勃鲁盖尔在创作生涯的后期,画了很多视角放低、人物放大的农民风俗画,最具代表性的就是《农民的舞蹈》和《农民的婚宴》。他本人既不是农民,也不曾在农村长住,但根据凡·曼德尔的传记记载,勃鲁盖尔很喜欢打扮成农民的样子跑到村子里去,甚至参加人们的结婚典礼,乐此不疲地观察农村的日常生活。

带着共情画下的农民风俗

老彼得 · 勃鲁盖尔
《农民的舞蹈》

1567 年前后 木板油彩
114 厘米 ×164 厘米
维也纳艺术史博物馆(维也纳)

　　画家把手拉手一起跳舞的乡下男女表现得非常动感而有张力。

115

文艺复兴时期的艺术史古典名著《艺术家列传》

艺术史的诞生

艺术史学上的划时代之作

文艺复兴时期不仅艺术巨匠辈出，也孕育出了出色的记录艺术的文字，为美术史学这门学问的诞生打下了基础。

在阿雷佐出生的画家兼建筑家乔尔乔·瓦萨里（1511—1574 年），于 1550 年首次出版了《艺术家列传（从奇马布埃到当今意大利的杰出画家、雕刻家、建筑家传记）》，并于 1568 年出版了增补修订版。这部作品并不是单纯的传记，书中还记述了艺术形式的继承和发展，这是艺术史学最基本的思维方式。此外，书中也出现了对作品的客观记述和价值判断，同样具有划时代的意义。

乔尔乔·瓦萨里《自画像》
1550—1567 年 画布油彩 101 厘米 ×80 厘米
乌菲齐美术馆（佛罗伦萨）

瓦萨里的发展史观

这部作品通过三篇序言分为三个部分，提出了一种明确的发展史观。首先是中世纪末期的奇马布埃和乔托等第一代艺术家，他们为艺术带来了革新，使得本已衰退的古代艺术得到了复苏。到 15 世纪，布鲁内莱斯基、马萨乔、多纳泰罗等第二代艺术家继承和发展了这种思潮，最终由 16 世纪初的拉斐尔、米开朗琪罗等巨匠使其开花结果。瓦萨里认为，自己所在的 16 世纪已经达到了艺术发展的巅峰，所以这部作品也是他对文艺复兴美术优越感的宣言。

这部作品带来了很广泛的影响，成为后世艺术家传记和艺术史理论的经典参考书，可以说美术史这门学问，就是从瓦萨里开始的。

时常出场来为你解说的，就是我，瓦萨里。

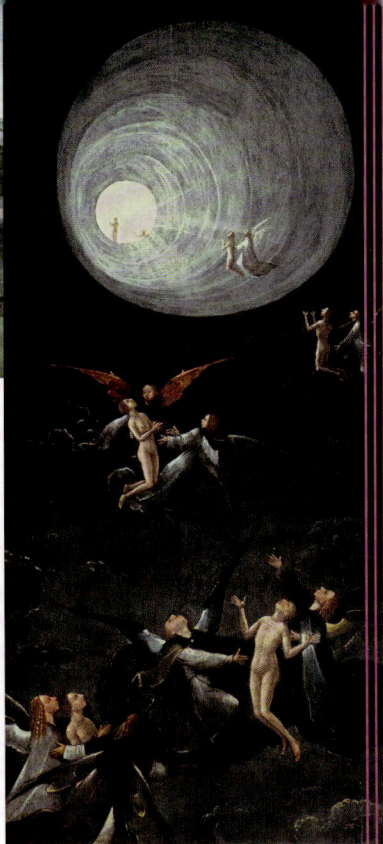

第 6 章

幻想

战争让艺术形式得到传播

文艺复兴时期的城邦国家之间常常为争夺霸权而发动战争。特别是到了 16 世纪，法国、西班牙和德国（神圣罗马帝国）为争夺意大利而反复交战（意大利战争）。战争促进了艺术家的流动，特别是 1527 年发生的"罗马之劫"，直接给文艺复兴的全盛时期画上了句号。从罗马逃出来的艺术家们流向欧洲各地，将各种艺术风格传播开来。

在这危机重重的时代，风格主义诞生了。它以拉斐尔和米开朗琪罗的艺术风格为基础，并夸大或者说扭曲了这种风格，表现形式上变得更加精致繁复。

在这一时期，法国、西班牙、英国、尼德兰等地都先后建立了中央集权的民族国家，他们取代了四分五裂的意大利，邀请很多意大利画家来本国继续创作，发展本国的艺术。西班牙国王腓力二世尤其喜爱善于描绘幻想世界的佛兰德斯画家博斯，收集了许多他的代表作。

宗教改革的影响

16 世纪的宗教改革时期，在禁止偶像崇拜的新教圈中兴起了一场大规模的偶像破坏运动（Iconoclasm）。据说，身在尼德兰的博斯有很多作品就是在这一时期被毁掉的。被宗教改革的动乱深埋在历史尘埃中的

诞生于危机时代和动荡社会背景下的风格主义传播到了欧洲各地，孕育出了幻想绘画。

罗索·菲奥伦蒂诺和普力马提乔
《达娜厄》
1534—1540 年
枫丹白露宫弗朗索瓦一世画廊
（法兰西岛）

让·古赞
《潘多拉魔瓶前的夏娃》
1550 年
卢浮宫美术馆（巴黎）

博斯和格吕内瓦尔德，其艺术价值终于在 19 世纪时被人们重新发现。

天主教这边，为了跟新教发起的宗教改革相对抗，积极利用宗教画的同时，也禁止了流露出情色意味的表达方式。天主教改革成为 17 世纪华丽的巴洛克艺术诞生的推动力。

在佛兰德斯地区，16 世纪时艺术家们很流行去意大利学习。勃鲁盖尔便是其中一个。他们被称为浪漫主义者（Romanist），并把文艺复兴鼎盛时期的艺术风格传播到了北方地区。在巴黎郊外的枫丹白露宫、布拉格的鲁道夫二世宫廷中，意大利和佛兰德斯的画家们在这里尽情展现着妖艳性感的风格主义世界。

扬·凡·斯科列里
《抹大拉的马利亚》
约 1530 年
阿姆斯特丹国立美术馆
（阿姆斯特丹）

风格主义传播到北方后绽放出妖艳性感之花

幻想的世界

虽然也是以《圣经》为主题，但博斯描绘出了一个属于自己的独一无二的幻想世界。这种充满独特想象力的画面，让今天看到它的人们同样感受到强烈的冲击。

🍇 生于尼德兰的怪才画家博斯

善于描绘幻想世界的怪才画家希罗尼穆斯·博斯，生于尼德兰南部的一个小镇斯海尔托亨博斯。他家里世代都是画家，生活优裕，经营着一个画室。关于博斯的史料很少，他的绘画生涯也有很多未解之谜，只知道他与一户富裕人家的女儿结了婚，一直住在他出生的小镇，从事绘画创作的同时，一生过着衣食无忧的生活。

博斯在尼德兰的许多作品因为宗教改革中的偶像破坏运动而被销毁了。不过，当时的西班牙国王腓力二世十分喜欢博斯的画作，收藏了以《人间乐园》为首的众多优秀作品，这才让博斯的数十幅画作在马德里保存了下来。

🍇 对 20 世纪的超现实主义者产生了影响

博斯的代表作《人间乐园》，乍一看的确是用明快的色彩描绘出了欢快的"乐园"氛围。但仔细观察细节，会看到一些奇怪的动物和数不清的裸体男女。

博斯创作这幅作品的时候，地势低洼的尼德兰地区正饱受洪水泛滥之苦，饥荒和瘟疫肆虐。不但如此，当时教会和神职人员的腐败动摇了人们对宗教信仰的信任，直接导致了数年后的宗教改革运动。这种动荡的社会环境造成人们的道德水平低下，加上 1500 年前后末世论思想的蔓延，进一步加剧了人们的恐慌情绪。

《人间乐园》描绘了沉溺于享乐而犯下罪过的愚蠢人类，以及地狱的恐怖形状。毫无疑问，这是画家向人们发出的尖锐警告，希望借此能让他们幡然醒悟。

博斯拥有超凡的想象力，他的绘画不但影响了勃鲁盖尔，甚至对 20 世纪的超现实主义绘画也产生了影响。

描绘了人们因沉溺于快乐
而堕入地狱的警告之画

希罗尼穆斯·博斯
《人间乐园》
约 1510—1515 年　木板油彩
220 厘米 ×389 厘米
普拉多美术馆（马德里）

充满想象力的特异世界

《人间乐园》是由三块画板组合而成的祭坛画，两边的画板合上之后还是一幅画，画面中世界处在一个类似地球那样的球体的中央，叫作《创造天地》。合页打开之后，左边的画板上是亚当和夏娃居住的"伊甸园"，中间的画板上描绘了人们沉溺于享乐的"人间乐园"，右边的画板上则是贪图享乐之后人们最终的归宿——"地狱"。

中间画板上的"人间乐园"中，画家将人类的种种欲望具象化，画面上全都是被"恶德"坑害的人，充满了颓废的气息。

性暗示与各种怪物

在"乐园"中，有很多奇妙的球体和类似麒麟等想象中的动物，还充斥着很多性暗示。"地狱"画板上，诸如像鸡蛋壳一样的身体上长着木头腿的"木头男"等谁都没见过的怪物填满了画面。此外，现实世界的大小关系也被颠倒了，比人还大的草莓、小鸟、乐器等物体十分醒目。

博斯用丰富的想象力创造出来的奇怪动植物、奇妙的装置、怪物、恶魔等，都是将人类内心阴暗面中的愚蠢和恶德，用自己特有的解释表达出来的产物。画家在这个精彩绝伦的想象世界中，展开了一幕幕愚蠢而悲哀的人间大戏。所以，博斯的作品在美术史上占有非常独特的地位。

画出了濒死体验中的幻觉场景？

希罗尼穆斯·博斯

《被祝福的人从乐园中升天》

约 1500—1504 年 木板油彩

87 厘米 ×40 厘米

都卡雷宫（威尼斯）

画面描绘了得到上帝祝福的人在天使的引导下升上天国。在他们上方有一个像隧道尽头一样发出亮光的洞口，经过洞口便能到达天国。据说一些有过濒死体验的人曾产生过这种类似隧道的幻觉画面，也许博斯的灵感也来自于这种说法。

以独特的方式
表现人类的 愚蠢

愚蠢的人类总被虚无的欲望驱动

希罗尼穆斯·博斯《干草车》

约 1500—1505 年　木板油彩　135 厘米 ×190 厘米
普拉多美术馆（马德里）

　　这幅作品的主题与《人间乐园》相同，并且也是三联祭坛画。左边画板上是亚当、夏娃被逐出伊甸园的场景，象征着人类的堕落；中央画板上是一边祈求基督的救赎，一边蠢事做尽、道德败坏的人类和恶魔；而右边的画板同样描绘了人类堕入地狱的情景。画面正中那一垛大大的干草，则象征着这个世上的看似宝贵、实则虚无的物质财富，而人们正在为此你争我夺。

博斯笔下那些代表人类愚蠢和恶行的奇怪的动植物和怪物，让人不由自主地将目光集中在它们身上，这种天马行空的想象力征服了所有人。

圣安东尼隐居在埃及沙漠中，他是修道院制度创始人。传说他在禁欲生活中常常遭到恶魔的袭击，或是被幻化成女子模样的魔鬼诱惑。这种场景是很常见的绘画题材，对画家来说，也是创造各种怪物的大好机会。

生动刻画了病人的模样

马蒂亚斯·格吕内瓦尔德《圣安东尼的诱惑》（《伊森海姆祭坛画》第三个场景）

约 1512—1515 年 木板油彩
265 厘米 ×141 厘米
恩特林登博物馆（科尔马）

这是《伊森海姆祭坛画》其中的一幅。荒凉的风景中，正在为难圣人的恶魔们个个剑拔弩张，声势骇人。画面左下方是身患一种叫作圣安东尼之火病（坏疽性麦角中毒）的病人，正在修道院接受治疗。画家把正在排出体内脓血的病人的样子描绘得十分生动。

张牙舞爪的奇怪恶魔

希罗尼穆斯·博斯《圣安东尼的诱惑》

1505—1506 年 木板油彩 131.5 厘米 ×225 厘米 里斯本国立美术馆（里斯本）

这是一幅三联祭坛画，从左到右依次是《圣安东尼的飞翔与堕落》《圣安东尼的诱惑》《圣安东尼的冥想》。画面中密集地描绘了各种奇妙的恶魔怪物，展现着画家博斯天马行空的想象力。

风格主义画家心中的幻想世界

多米尼科·贝卡富米
《大天使米迦勒驱逐叛逆天使》
约 1528 年 木板油彩
347 厘米 ×225 厘米
卡尔米内圣母教堂（锡耶纳）

　　画面中大天使米迦勒正举起利剑向叛逆天使挥去。画面下方的地狱散发出令人不适的亮光。锡耶纳的风格主义画家贝卡富米描绘了自己心目中独特的幻想世界。

　　画家们利用《圣经》故事编织出了各种各样的幻想世界。让我们感受每一位画家想象力的精髓吧。

奇怪的恶魔和怪物

藏在细节中
勃鲁盖尔的想象力

老彼得·勃鲁盖尔
《巴别塔》
1563 年 木板油彩
114 厘米 ×155 厘米
维也纳艺术史博物馆（维也纳）

　　人类想要建造一座能通往天堂的高塔，惹怒了上帝，上帝让人们说不同的语言，无法相互交流，于是人类的计划失败了。这是《创世记》中的传说。画家以在罗马见到的斗兽场为蓝本创造了这座巨塔，细微之处描绘了很多人类和建筑机械，平添了许多鉴赏的乐趣。

夜的世界

一道光射入暗夜的神秘感。受 14 世纪瑞典圣女的幻视体验等神秘主义文学的影响，基督降生的这一幕场景渐渐被画家们放在了黑夜里，于是产生了"夜景画"这一表现形式。

🍇 照进黑暗的超自然之光

在西方绘画史上，从中世纪末期开始，画家们一直在追求光与暗的对比效果。中世纪的基督教绘画中，光明就是上帝本身。教堂里的彩色玻璃或者金地马赛克让画面自带光芒，这种光彩与昏暗的教堂空间相结合，组成了一个完整的世界观。到了哥特时代末期，古代自然主义复苏，为了表现肉体的立体感与空间的纵深感，画面开始使用阴影。皮耶罗·德拉·弗朗切斯卡和拉斐尔等人甚至在壁画中大胆地使用了夜景画面。

16 世纪中叶，美术界诞生了"夜景画"（Notturno），即画面构图中黑暗占据一大半，借此来强调光明的效果。这与神秘主义文学的盛行，以及"暗夜中光明的耶稣降生"这种绘画主题有着紧密的联系。

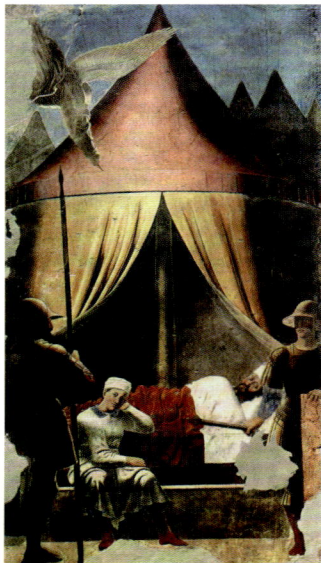

用光明来表现天使降临

皮耶罗·德拉·弗朗切斯卡《君士坦丁之梦》
1452—1466 年 壁画 329 厘米 ×190 厘米
圣方济各教堂（阿雷佐）

这幅画是"十字架传说"中的一个场景。罗马皇帝君士坦丁一世正在帐幕中沉睡，此时天使降临，在帐幕上留下十字架的印记，向他传达上帝的旨意。天使放射出的强光在帐幕上形成强烈的反射，照亮了床边守卫的士兵。在传说中，这原本是大战前夜天使给皇帝托梦告知神谕，但画家将其表现为皇帝睡觉时天使降临、散发出超自然光明的情景。

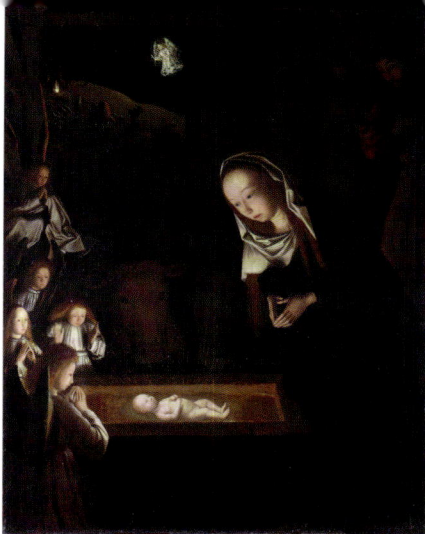

超自然之光照进暗夜

盖尔特根 · 托特 · 辛特 · 扬斯

《基督降生》

约 1490 年前后　木板油彩　34 厘米 ×25 厘米

伦敦国家画廊（伦敦）

　　刚刚降生的婴儿基督散发着光芒，照亮了正在向他礼拜的圣母和天使。远景中正在向牧羊人告知喜讯的天使也发出明亮的光辉，照亮了旷野中过夜的牧羊人。画面中对光与影的处理十分精准，夜的暗沉与超自然的光影被描绘得十分出彩。

黑暗与光明的
一出好戏

非凡的夜景表现超越了宗教画本身

科雷乔《夜》

约 1530 年　木板油彩　256 厘米 ×188 厘米

德累斯顿国立美术馆（德累斯顿）

　　婴儿基督散发出强烈的光芒照亮了他的四周，外围的黑暗则显示出丰富的层次。一个牧羊人抬起手来，似乎想遮挡一下刺眼的亮光。远处可以看到依稀将明的天空和山峦的轮廓。这幅作品对夜景的描绘实在是太令人赞叹了，所以人们并没有把这幅画叫作"牧羊人的礼拜"或者"基督降生"，而是就叫作《夜》(La Notte)。

小知识

黑夜降生

　　"基督降生"这一主题在绘画中几乎全都是发生在白天的情景。至于何时变成了夜景，其实是有一段故事的。14 世纪瑞典有一位圣女毕哲（1303—1373）曾多次有过幻视体验，据说她在幻觉中看到了刚刚降生的基督发出灿烂光芒的情景。她将这种幻觉记载在她的《启示》（拉丁语版 1492 年）一书中。这本书流传甚广，对中世纪末期的美术界产生了很大的影响。

　　基督降生的情景设定变成黑夜、婴儿基督散发出耀眼的光芒照亮四周——这是神秘主义文学普及后在绘画方面的体现。科雷乔与盖尔特根 · 托特 · 辛特 · 扬斯的作品便是如此。

鲁道夫二世的宫廷

在布拉格的鲁道夫二世宫廷中，艺术杰作多如灿烂的繁星，并孕育出了很多以阿尔钦博托的肖像画为代表的幻想类绘画作品。

全世界风格主义的中心

神圣罗马帝国皇帝鲁道夫二世（1552—1612）虽然在政治上没有什么作为，但他富有教养，学识渊博，对艺术家和知识分子呵护有加，是典型的文艺复兴式君主。他在位期间，将自己的宫廷从维也纳迁到了布拉格。

在布拉格的宫廷里，活跃着天文学家第谷·布拉赫（1546—1601）和约翰尼斯·开普勒（1571—1630）、植物学家卡罗卢斯·卢克修斯（1526—1609）等人。此外，鲁道夫二世还从欧洲各地邀请了众多艺术家来到他的宫殿。比如喜欢用事物重新组合成奇妙肖像画的朱塞佩·阿尔钦博托，擅长创作具有情色意味的神话和寓言画而知名的巴托罗美奥·斯普朗格和汉斯·冯·亚琛，还有以风景和动植物绘画见长的罗兰·萨委瑞（1576/1578—1639）……他们将鲁道夫二世的宫廷变成了全世界风格主义艺术的中心。扭曲的人体和梦幻的色彩是风格主义的特征，而这种特征也从布拉格传播到了西欧各地。特别是在新兴国家尼德兰的哈林和乌得勒支等地，在布拉格美术的影响下，诞生了亨得里克·霍尔奇尼斯（1558—1617）等优秀的画家，也使得尼德兰在 16 世纪后半叶成为佛兰德斯绘画的中心。

此外，鲁道夫二世不但发展了捷克的玻璃工艺（波希米亚玻璃），还收集了各种自然界中的奇珍异宝，打造了一间"奇珍室"，他还对博物学、占星术、炼金术有着浓厚的兴趣，成为很多炼金术士和魔术师的大主顾。

> **关键词**
>
> **寓意（Allegory）**
>
> 通过具体的事物（象征）或人物（拟人像）来表现某种抽象的概念和思想。比如 17 世纪的静物画中用骷髅和沙漏的组合来代表现世的脆弱和无常，虚空（Vanitas）与死亡（Mementomori）的主题十分流行。

水栖生物组成的肖像

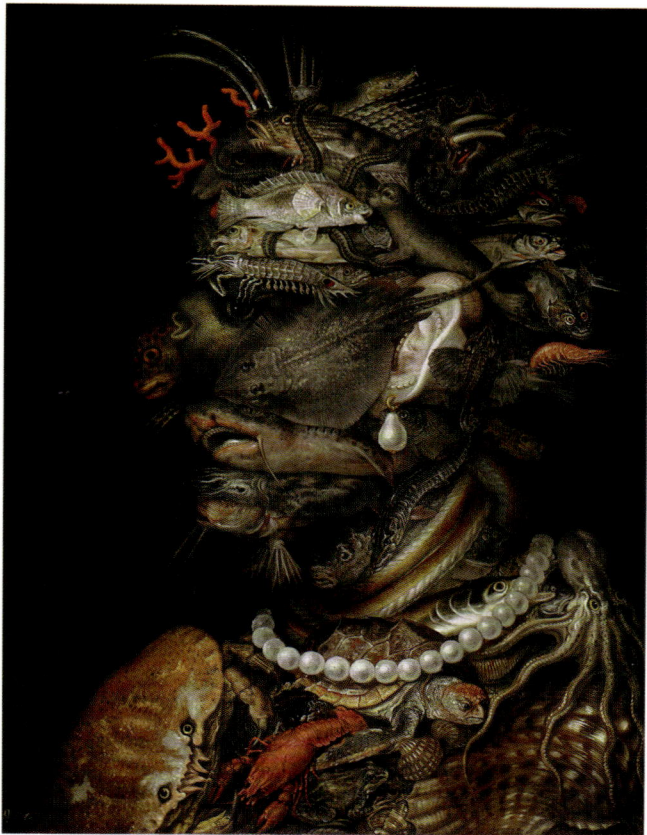

幕末日本画家歌川国芳也曾模仿其画风

朱塞佩·阿尔钦博托《四大元素 水》
1566 年 木板油彩 67 厘米 ×51 厘米
维也纳艺术史博物馆（维也纳）

　　"四大元素"系列与"四季"系列都是阿尔钦博托的代表作，而这幅作品是"四大元素"四联画中的一幅，画面上各种水中的生物组合成了一张脸。这种趣味被称为"阿尔钦博托效果"，在幕末时期[1]经由中国传入日本，浮世绘画家歌川国芳也曾模仿过这种风格。

　　生于米兰的朱塞佩·阿尔钦博托应召来到鲁道夫二世的宫廷中，创作了许多用各种事物组合而成的肖像画。皇帝赐予了他宫中伯（享有王权的伯爵）称号。在创作肖像画之余，阿尔钦博托还是一位活跃在各种宫廷庆典上的表演艺术家。

[1] 幕末是指江户幕府统治末期，约 19 世纪
50—70 年代——译注。

关键词　炼金术 是指能从破铜烂铁中提炼出黄金等贵金属的神秘技术。传说中这种秘术不仅能提炼贵金属，还能让人的肉体和灵魂得到永生，富有浓厚的迷信色彩。

古怪却真实地展现了模特的样貌

朱塞佩·阿尔钦博托
《装扮成四季之神威尔廷努斯的鲁道夫二世像》
约 1590 年 木板油彩 70.5 厘米 ×57.5 厘米
斯库克洛斯特城堡（梅拉伦湖）

　　这是画家从布拉格刚刚返回米兰时的作品。画面中是装扮成果树和农作物守护神威尔廷努斯的皇帝肖像。阿尔钦博托的人物画采用了各种古怪的东西组合起来表达主题，但同时又跟现实中的人物形象非常相似。

> "画家描绘的事物和人物到底有什么含义？"
> "这幅画隐含着什么寓意呢？"
> 让观者边看边想，这便是寓意画的妙处所在。

用寓意赞颂君主

巴托罗美奥·斯普朗格
《美德的胜利》
约 1591 年 画布油彩
163 厘米 ×117 厘米
维也纳艺术史博物馆（维也纳）

　　斯普朗格出生于安特卫普，早年活跃在罗马，经由维也纳来到了布拉格成为宫廷画家，并受到鲁道夫二世的厚待。代表智慧的女神密涅瓦正踩在长着一对驴耳朵的"无知"身上，在她身边围绕着战争女神委罗内塞、代表学艺和美德的女神缪斯等拟人像，是一幅称赞鲁道夫二世治国有方的寓意画。

130

这一页上的两幅作品，都是以古罗马剧作家泰伦提乌斯的一句名言："Sine Cerere et Baccho friget Venus"（如果没有刻瑞斯和巴克斯，维纳斯就会冻僵——译注）为主题创作的。酒神巴克斯与农耕之神刻瑞斯分别代表酒和食物，意思是"没有酒和美食，爱火便不会燃烧"。斯普朗格的作品描绘了刻瑞斯和巴克斯携手离开，他们背后的维纳斯和丘比特因为太冷而正在烤火取暖。汉斯·冯·亚琛的作品则描绘了巴克斯和刻瑞斯十分亲密地搂在一起的情景。

充满象征与寓意的世界

又酷又时尚的作品
巴托罗美奥·斯普朗格
《离开维纳斯的巴克斯和刻瑞斯》
约1590—1595年 画布油彩
161.5厘米×100厘米
维也纳艺术史博物馆（维也纳）

　　冷峻优雅的人体比例和傲慢的姿态正是这位画家的拿手好戏，他的这种绘画特点受到了当时人们的广泛赞誉。

源自威尼斯画派的色彩与情色感
汉斯·冯·亚琛
《巴克斯、刻瑞斯与丘比特》
1600年前后 画布油彩
163厘米×113厘米
维也纳艺术史博物馆（维也纳）

　　冯·亚琛出生于德国，但他活跃在意大利画坛有十年之久。后来他前往布拉格宫廷并与斯普朗格一样受到了鲁道夫二世的优待。从威尼斯画派学到的暖色调与颓废而充满诱惑的氛围是他的作品最大的特征。

不惜用变形与扭曲来表达美

格吕内瓦尔德

连名字都被搞错的画家

　　格吕内瓦尔德（约 1470/1475—1528）原名马蒂亚斯·哥特哈德·内特哈德，出生地和出生年份不详。17 世纪时有一位传记作家写了一部画家传记，把他的名字和其他画家混淆了，才有了格吕内瓦尔德这个名字。他在担任美因茨大主教的宫廷画家期间，创作了很多基督受难主题的绘画，后来他与宗教改革的思想产生了共鸣。1524 年德国发生了农民战争，格吕内瓦尔德因为支持农民一方而被解除了宫廷画家的职务，后来便再也没有拿起画笔。

　　之后的很长一段时间里，格吕内瓦尔德的名字被埋没在历史的尘埃当中，直到 19 世纪末才被人们再次关注。20 世纪初的德国表现主义艺术家们深受其影响，他们认为，只有格吕内瓦尔德完美地展现了德意志人民的精神。拉丁古典主义美学重视和谐有序和理想化的美，但在格吕内瓦尔德的作品中，却能发现一种日耳曼式的审美观，即不惜用变形与扭曲来表达强烈的感情。

伊森海姆祭坛画
第二个场景
《基督复活》
1512—1515 年　木版油画
269 厘米 ×143 厘米
恩特林登博物馆（科尔马）

基督教美术史上的巅峰之作

　　格吕内瓦尔德一生中最重要的作品就是《伊森海姆祭坛画》。法国的阿尔萨斯地区有一个小城科尔马，在科尔马的近郊伊森海姆有一座安东尼修道院，《伊森海姆祭坛画》就是画家为这座修道院而创作的。这一组祭坛画由 10 幅以上的画面组合而成，构造十分复杂。第一个场景，也就是描绘基督磔刑的画板（P15）是完全关闭的，打开中央画板的对开板之后，第二个场景便出现在眼前。第二个场景中间是"基督降生"，左侧是"天使报喜"，右侧则是光辉灿烂的基督飘浮在宇宙中的"基督复活"。画板再打开一层，便能看到最后一个场景——圣徒圣安东尼的故事（P124）。伊森海姆祭坛画被认为是基督教美术史上最为杰出的作品。

文艺复兴简略年表

林堡兄弟
《贝里公爵的豪华时祷书》
之10月"播种"
→ P104

法布里亚诺
《麦琪的礼拜》
→ P12

文艺复兴后期

提香
《圣母升天》
→ P93

老勃鲁盖尔
《雪中猎人》
→ P114

134

1438年　费拉拉·佛罗伦萨大公会议开始（1439年转移至佛罗伦萨→
　　　　费拉拉·佛罗伦萨大公会议

1440年　安吉里之战中，佛罗伦萨战胜米兰

1453年　君士坦丁堡陷落，东罗马帝国灭亡

1454年　意大利的五大势力缔结《洛迪合约》，为诸城邦之间的战争画上休止符

1455年　英国玫瑰战争打响（至1485年）

1455年前后　古腾堡开始利用活字印刷发行《圣经》

1478年　巴齐家族阴谋暗杀洛伦佐·美第奇

1479年　威尼斯与奥斯曼帝国达成协议终止战争

1485年　英国玫瑰战争终结，亨利七世即位，建立都铎王朝

1492年　西班牙格拉纳达陷落，纳斯尔王朝灭亡，国土光复运动（Reconquista）宣告终结。

1494年　哥伦布发现美洲大陆
　　　　美第奇家族被驱逐出佛罗伦萨

1502年　切萨雷佣兵长发动了针对切萨雷·波吉亚的『马焦内叛乱』

1511年　伊拉斯谟《愚人颂》刊行

1512年　法国与西班牙的拉文纳之战

1516年　马丁·托马斯·莫尔《乌托邦》刊行

1517年　路德发动宗教改革

◀1500文艺复兴盛期　　　　　　　　文艺复兴初期

1436年　贝亚托·安杰利科来到佛罗伦萨的圣·马可修道院

1445年前后　多米尼克·威涅齐亚诺的《圣卢西亚祭坛画》开创了圣会话图这一形式
　　　　多纳泰罗《格泰梅拉达骑马像》完成

1453年

1460年　乌切洛《圣罗马诺之战》

1461年　布鲁内莱斯基（1446年去世）设计的圣十字教堂巴齐礼拜堂完工

1465年　戈佐利《三王来拜》完成

1474年　梅西纳《书房中的圣哲罗姆》完成

1474年前后　曼特尼亚完成了位于曼托瓦总督宫的《婚礼堂》壁画
　　　　佛兰德斯的油彩画技巧传入意大利
　　　　韦罗基奥执笔《基督受洗》，学生列奥纳多·达·芬奇也参与了绘制

1482年前后　波提切利《春（Primavera）》

1498年　列奥纳多·达·芬奇《最后的晚餐》

1503年前后　卢卡·西尼奥雷利　奥维多大教堂壁画《最后的审判》

1504年　米开朗琪罗《大卫像》

1505年　丢勒第二次前往意大利旅行（至1507年）

1505年前后　乔尔乔内《暴风雨（Tempesta）》

1506年　列奥纳多·达·芬奇《蒙娜丽莎》

1510年　拉斐尔完成《雅典学院》及其他梵蒂冈宫壁画

1512年前后　米开朗琪罗完成西斯廷礼拜堂天顶画

达·芬奇
《蒙娜·丽莎》
→ P79

波提切利
《春（Primavera）》
→ P61

参考文献

◼ 全集・画集

- 摩寿意善郎・嘉門安雄編『ルネサンス美術1～3（大系世界の美術13～15）』学習研究社、1971-72年
- 佐々木英也・森田義之編『イタリア・ルネサンス1（世界美術大全集11）』小学館、1992年
- 久保尋二・田中英道編『イタリア・ルネサンス2（世界美術大全集12）』小学館、1994年
- 佐々木英也・森田義之編『イタリア・ルネサンス3（世界美術大全集13）』小学館、1994年
- サラ・エリオット、森田義之・松浦弘明訳『イタリア・ルネサンス絵画（アート・ライブラリー）』西村書店、1994年
- ステファノ・ズッフィ編、宮下規久朗訳『イタリア絵画』日本経済新聞社、2001年
- 石鍋真澄監著『ルネサンス美術館』小学館、2008年
- エレーナ・カプレッティ、森田義之監訳『イタリア巨匠美術館』西村書店、2011年

◼ 翻译文献

- アンドレ・シャステル、高階秀爾訳『イタリア・ルネッサンス　1460-1500（人類の美術）』新潮社、1968年
- アンドレ・シャステル、辻茂訳『イタリア・ルネッサンスの大工房　1460-1500（人類の美術）』新潮社、1969年
- ブルクハルト、柴田治三郎訳『イタリア・ルネサンスの文化』上下、中公文庫、1974年
- ホイジンガ、堀越孝一訳『中世の秋』上下、中公文庫、1976年
- ジャン・セズネック、高田勇訳『神々は死なず－ルネサンス芸術における異教神』美術出版社、1977年
- マイケル・バクサンドール、篠塚二三男・豊泉尚美・石原宏・池上公平訳『ルネサンス絵画の社会史』平凡社、1989年
- エウジェーニオ・ガレン編、近藤恒一・高階秀爾他訳『ルネサンス人』岩波書店、1990年
- クリバンスキー、パノフスキー、ザクスル、田中英道監訳『土星とメランコリー』晶文社、1991年
- ピーター・バーク、森田義之・柴野均訳『新版 イタリア・ルネサンスの文化と社会』岩波書店、2000年
- アンドレ・シャステル、桂芳樹訳『ルネサンス精神の深層』ちくま学芸文庫、2002年
- エルヴィン・パノフスキー、浅野徹・永沢峻他訳『イコノロジー研究』上下、ちくま学芸文庫、2002年

- アビ・ヴァールブルク、進藤英樹訳『異教的ルネサンス』ちくま学芸文庫、2004年
- エルヴィン・パノフスキー、伊藤博明・富松保文訳『イデア──美と芸術の理論のために』平凡社ライブラリー、2004年
- フリッツ・ザクスル、松枝到訳『シンボルの遺産』ちくま学芸文庫、2005年
- ピーター・バーク、亀長洋子訳『ルネサンス（ヨーロッパ史入門）』岩波書店、2005年
- アーウィン・パノフスキー、中森義宗・清水忠訳『ルネサンスの春』新思索社、2006年
- エドガー・ヴィント、秋庭史典・加藤哲弘・金沢百枝・蛯川順子・松根伸治訳『シンボルの修辞学』晶文社、2007年
- ジャン・リュデル、木村三郎・金山弘昌監修『イタリア・ルネサンス絵画』白水社文庫クセジュ、2010年
- ジョルジョ・ヴァザーリ、平川祐弘・小谷年司他訳『芸術家列伝』全3巻、白水Uブックス、2011年

❸ 日文文献

- 高階秀爾『フィレンツェー初期ルネサンス美術の運命』中公新書、1966年
- 高階秀爾『ルネッサンスの光と闇──芸術と精神風土』中公文庫、1987年
- 高階秀爾『ルネッサンス夜話──近代の黎明に生きた人びと』河出文庫、1987年
- 樺山紘一『ルネサンス』講談社学術文庫、1993年
- 西村貞二『ルネサンスと宗教改革』講談社学術文庫、1993年
- 森田義之『メディチ家』講談社現代新書、1999年
- 関根秀一編『イタリア・ルネサンス美術論──プロト・ルネサンス美術からバロック美術へ』東京堂出版、2000年
- 澤井繁男『イタリア・ルネサンス』講談社現代新書、2001年
- 池上俊一『イタリア・ルネサンス再考──花の都とアルベルティ』講談社学術文庫、2007年
- 森田義之・芸術新潮編集部『フィレンツェ・ルネサンス55の至宝』新潮社とんぼの本、2007年
- 高階秀爾・遠山公一『ルネサンスの名画101』新書館、2011年
- 松浦弘明『イタリア・ルネサンス美術館』東京堂出版、2011年
- 池上英洋『ルネサンス　歴史と芸術の物語』光文社新書、2012年

图书在版编目（CIP）数据

秒懂文艺复兴艺术 /（日）宫下规久朗著；霍芬译
. -- 石家庄：河北美术出版社，2020.11
　　ISBN 978-7-5718-0940-9

　　Ⅰ . ①秒… Ⅱ . ①宫… ②霍… Ⅲ . ①文艺复兴 – 艺
术史 – 欧洲 – 通俗读物 Ⅳ . ① J150.93-49

中国版本图书馆 CIP 数据核字 (2020) 第 149644 号
冀图登字：03-2020-062

知識ゼロからのルネサンス絵画入門 (宮下規久朗 / 著)
CHISHIKI ZERO KARA NO RENAISSANCE KAIGA NYUMON
Copyright © 2012 by KIKUROU MIYASHITA
Original Japanese edition published by Gentosha, Inc., Tokyo, Japan
Simplified Chinese edition is published by Beijing Zito Books Co., Ltd.
through Discover 21 Inc., Tokyo.

责任编辑：张肃珲　李　越
装帧设计：紫图装帧
特约监制：黄　利　万　夏
特约编辑：常晓光
营销支持：曹莉丽
版权支持：王秀荣
出　　版：河北出版传媒集团 河北美术出版社
发　　行：河北美术出版社
地　　址：石家庄市和平西路新文里8号
邮　　编：050071
电　　话：0311-87060677
网　　址：www.hebms.com
印　　刷：艺堂印刷（天津）有限公司
开　　本：889毫米×1270毫米　1/32
印　　张：5
字　　数：80千字
版　　次：2020年11月第1版
印　　次：2020年11月第1次印刷
定　　价：69.90元

质量服务承诺：如发现缺页、倒装等印制质量问题，可直接向本社调换。
服务电话：0311-87060677